职业院校"十四五"规划教材
"业财融合"系列教材

成本核算与管理实训

陈晓明 石磊 / 主编
邓玉兰 / 副主编

图书在版编目(CIP)数据

成本核算与管理实训 / 陈晓明，石磊主编. —上海：立信会计出版社，2022.2
ISBN 978-7-5429-7022-0

Ⅰ.①成… Ⅱ.①陈… ②石… Ⅲ.①成本计算 Ⅳ.①F231.2

中国版本图书馆 CIP 数据核字(2022)第 028688 号

策划编辑　　王悠然
责任编辑　　郭　光

成本核算与管理实训
CHENGBEN HESUAN YU GUANLI SHIXUN

出版发行	立信会计出版社		
地　　址	上海市中山西路 2230 号	邮政编码	200235
电　　话	(021)64411389	传　真	(021)64411325
网　　址	www.lixinaph.com	电子邮箱	lixinaph2019@126.com
网上书店	http://lixin.jd.com		http://lxkjcbs.tmall.com
经　　销	各地新华书店		
印　　刷	上海天地海设计印刷有限公司		
开　　本	787 毫米×1092 毫米	1/16	
印　　张	21.5		
字　　数	316 千字		
版　　次	2022 年 2 月第 1 版		
印　　次	2022 年 2 月第 1 次		
印　　数	1—2 100		
书　　号	ISBN 978-7-5429-7022-0/F		
定　　价	55.00 元		

如有印订差错，请与本社联系调换

Preface 前言

《成本核算与管理实训》是贵州省"兴黔富民"行动建设项目省级精品开放课程的配套教材。本教材以培养会计专业时代新人为宗旨，以会计职业岗位能力需求为依据，重构教学内容，确定教学目标，并按职业成长规律，依据企业工艺过程和产品生产类型，由易到难、由简到繁地设计教学项目。本教材主要具有以下几个特点。

1. 课程内容项目化

《成本核算与管理实训》以会计职业岗位能力培养为导向，编者与行业、企业专家共同细分成本会计职业岗位，即成本核算岗位以及成本管理岗位，并按照实际工作的优先顺序来设置教学项目。

2. 课程内容能力化

重构的课程内容是依据实际工作中岗位需求和工作任务设计的。成本核算能力是岗位的核心能力，其通过报表编制、分析以及综合实训提升岗位综合职业能力。

3. 课程内容成果化

每个项目完成后都会产生相应的项目作品，由此形成"岗位—项目—任务—作品"的逻辑闭环，使得整个教学内容设计更加完整，便于过程考核。

在课程资源的建设上，本教材形成了教学资源多样化、课程资源网络化、实践教学虚实化、教材建设立体化，即"校企共建，四化并举"的在线开放教学资源，实现了课程资源共享。本教材利用职教云搭建智慧学习环境，更强调自主探究的"学"，而非被动授受的"教"，增强学习者的自我学习能力。

本教材由黔东南民族职业技术学院陈晓明和石磊主编，邓玉兰为本教材副主编。教材具体编写分工如下：石磊组织编写任务一至任务二十一；陈晓明组织编写任务二十二至任务二十九；任务三十及任务三十一为陈晓明、石磊两人共同编写。

本教材在编写过程中得到了有关院校领导和老师的大力支持，许多兄弟院校老师提出了宝贵意见和建议，在此一并致谢。由于编者水平有限，书中难免有疏漏之处，恳请批评指正。

编 者

2022 年 2 月

《成本核算与管理实训》
编审委员会

主　编　陈晓明　石　磊
副主编　邓玉兰
编　委　杨　群　吴晓燕　蒋　慧　王　新　潘晓晴
　　　　陈莹莹　石汶朋　唐伶俐　李慧君　王　瑾
　　　　苏　芯

目录

项目一　单项实训 ... 1

任务一　材料费用的分配
　　——定额消耗量比例分配法 ... 1

任务二　材料费用的分配
　　——定额费用比例分配法 ... 5

任务三　工资费用的分配
　　——计时工资 ... 9

任务四　工资费用的分配
　　——福利、保险、公积金 ... 11

任务五　工资费用的分配
　　——生产工时比例法 ... 14

任务六　外购动力费用的归集与分配 ... 17

任务七　折旧费用
　　——平均年限法（直线折旧法） ... 20

任务八　折旧费用
　　——双倍余额递减法 ... 23

任务九　折旧费用
　　——年数总和法 ... 26

任务十　周转材料的归集与分配
　　——五五摊销法 ... 29

任务十一　废品损失
　　——不可修复废品损失 ... 34

任务十二　辅助生产费用的归集与分配
　　——交互分配法 ... 37

任务十三　辅助生产费用的归集与分配
　　——按计划成本分配法 ... 44

任务十四　制造费用的归集与分配
　　　　　　——生产工人工时比例分配法 ················· 50
　　任务十五　生产费用在完工产品与在产品之间分配
　　　　　　——不计算在产品成本法 ····················· 53
　　任务十六　生产费用在完工产品与在产品之间分配
　　　　　　——分配固定成本计价法 ····················· 56
　　任务十七　生产费用在完工产品与在产品之间分配
　　　　　　——消耗原材料计价法 ······················· 59
　　任务十八　生产费用在完工产品与在产品之间分配之约当产量法
　　　　　　——原材料在生产开始时一次性投入 ··········· 62
　　任务十九　生产费用在完工产品与在产品之间分配之约当产量法
　　　　　　——原材料在生产过程中分次投入 ············· 66
　　任务二十　生产费用在完工产品与在产品之间分配
　　　　　　——定额成本计价法 ························· 69
　　任务二十一　生产费用在完工产品与在产品之间分配
　　　　　　　——定额比例法 ··························· 72

项目二　全真业务实训 ·· 75
　　任务二十二　品种法 ·· 75
　　任务二十三　一般分批法 ···································· 91
　　任务二十四　简化分批法 ···································· 95
　　任务二十五　平行结转分步法 ······························· 100
　　任务二十六　分项结转分步法 ······························· 104
　　任务二十七　综合结转分步法 ······························· 109
　　任务二十八　成本报表编制 ································· 116
　　任务二十九　成本报表分析 ································· 123
　　任 务 三 十　综合实训1 ··································· 129
　　任务三十一　综合实训2 ··································· 269

项目一　单项实训

任务一　材料费用的分配——定额消耗量比例分配法

【企业资料】

材料费用的
归集和分配

光华公司 2021 年 5 月生产甲、乙两种产品,有关资料如下:

本月甲产品产量为 6 000 件,单件产品消耗 W 材料的定额为 10 千克;

本月乙产品产量为 5 000 件,单件产品消耗 W 材料的定额为 8 千克;

要求:计算材料费用,运用定额消耗量比例分配法分配并计算甲、乙两种产品共同耗用的原材料费用。

【原始单据】

凭证 1-1　　　　　　　　　　领料单

领料部门:第一生产车间

用途:生产甲产品　　　　　　　2021 年 5 月 11 日　　　　　　　第 1 号

材料			单位	数量		成本	
编号	名称	规格		请领	实领	单价	总价
01	A 材料		吨	8	8	30 000	240 000
合计							240 000

部门经理:林琳　　　　会计:周波　　　　仓管:袁小艺　　　　经办人:王源

凭证 1-2　　　　　　　　　　　　　　领料单

领料部门：第一生产车间

用途：生产乙产品　　　　　　2021 年 5 月 11 日　　　　　　　　第 2 号

材料			单位	数量		成本	
编号	名称	规格		请领	实领	单价	总价
02	B 材料		吨	10	10	3 000	30 000
合计							30 000

部门经理：林琳　　　会计：周波　　　仓管：袁小艺　　　经办人：王源

凭证 1-3　　　　　　　　　　　　　　领料单

领料部门：第一生产车间

用途：生产甲、乙产品共同耗用　　2021 年 5 月 11 日　　　　　　第 3 号

材料			单位	数量		成本	
编号	名称	规格		请领	实领	单价	总价
03	W 材料		吨	10	10	2 200	22 000
合计							22 000

部门经理：林琳　　　会计：周波　　　仓管：袁小艺　　　经办人：王源

凭证 1-4　　　　　　　　　　　　　　领料单

领料部门：第一生产车间

用途：一般耗用　　　　　　　2021 年 5 月 11 日　　　　　　　　第 4 号

材料			单位	数量		成本	
编号	名称	规格		请领	实领	单价	总价
04	A 材料		吨	1	1	30 000	30 000
合计							30 000

部门经理：林琳　　　会计：周波　　　仓管：袁小艺　　　经办人：王源

凭证 1-5　　　　　　　　　　　　　　　　领料单

领料部门：销售部门

用途：与销售活动相关　　　　　　　2021 年 5 月 11 日　　　　　　　　　　　　　　第 5 号

材料			单位	数量		成本	
编号	名称	规格		请领	实领	单价	总价
05	A 材料		吨	1	1	30 000	30 000
合计							30 000

部门经理：林琳　　　　　会计：周波　　　　　仓管：袁小艺　　　　　经办人：王源

凭证 1-6　　　　　　　　　　**产品定额耗用表**

产品名称	原材料名称	产品产量	定额消耗量（吨/件）	产品材料消耗定额
甲产品	W 材料	6 000	0.001	6
乙产品		5 000	0.000 8	4

【任务单】

工作步骤 1：根据领料单等原始凭证编制原材料领用汇总表。

凭证 1-7　　　　　　　　　　**原材料领用汇总表**

2021 年 5 月 11 日

领料部门或单位	用途	材料名称	单位	数量	单价	金额
第一生产车间	甲产品直接耗用					
	乙产品直接耗用					
	甲、乙产品共同耗用					
	一般耗用					
销售部门						
合计						

工作步骤2：根据原材料领用汇总表编制材料费用分配汇总表。

凭证1-8

材料费用分配汇总表

2021年5月11日

<table>
<tr><th colspan="2" rowspan="2">项目</th><th rowspan="2">直接计入材料</th><th colspan="3">分配计入材料</th><th rowspan="2">合计</th></tr>
<tr><th>分配标准（元）</th><th>分配率</th><th>分配金额</th></tr>
<tr><td rowspan="4">第一生产车间</td><td>甲产品</td><td></td><td></td><td></td><td></td><td></td></tr>
<tr><td>乙产品</td><td></td><td></td><td></td><td></td><td></td></tr>
<tr><td>小计</td><td></td><td></td><td></td><td></td><td></td></tr>
<tr><td>一般耗用</td><td></td><td></td><td></td><td></td><td></td></tr>
<tr><td colspan="2">销售部门</td><td></td><td></td><td></td><td></td><td></td></tr>
<tr><td colspan="2">合计</td><td></td><td></td><td></td><td></td><td></td></tr>
</table>

工作步骤3：根据材料费用分配汇总表填制和审核记账凭证。

凭证1-9

记 账 凭 证

年　月　日

<table>
<tr><th rowspan="2">摘要</th><th colspan="2">会计科目</th><th colspan="10">借方</th><th colspan="10">贷方</th><th rowspan="2">过账 √</th></tr>
<tr><th>总账科目</th><th>明细科目</th><th>千</th><th>百</th><th>十</th><th>万</th><th>千</th><th>百</th><th>十</th><th>元</th><th>角</th><th>分</th><th>千</th><th>百</th><th>十</th><th>万</th><th>千</th><th>百</th><th>十</th><th>元</th><th>角</th><th>分</th></tr>
<tr><td></td><td></td><td></td><td></td><td></td><td></td><td></td><td></td><td></td><td></td><td></td><td></td><td></td><td></td><td></td><td></td><td></td><td></td><td></td><td></td><td></td><td></td><td></td></tr>
<tr><td></td><td></td><td></td><td></td><td></td><td></td><td></td><td></td><td></td><td></td><td></td><td></td><td></td><td></td><td></td><td></td><td></td><td></td><td></td><td></td><td></td><td></td><td></td></tr>
<tr><td></td><td></td><td></td><td></td><td></td><td></td><td></td><td></td><td></td><td></td><td></td><td></td><td></td><td></td><td></td><td></td><td></td><td></td><td></td><td></td><td></td><td></td><td></td></tr>
<tr><td></td><td></td><td></td><td></td><td></td><td></td><td></td><td></td><td></td><td></td><td></td><td></td><td></td><td></td><td></td><td></td><td></td><td></td><td></td><td></td><td></td><td></td><td></td></tr>
<tr><td></td><td></td><td></td><td></td><td></td><td></td><td></td><td></td><td></td><td></td><td></td><td></td><td></td><td></td><td></td><td></td><td></td><td></td><td></td><td></td><td></td><td></td><td></td></tr>
<tr><td colspan="3">合　　计</td><td></td><td></td><td></td><td></td><td></td><td></td><td></td><td></td><td></td><td></td><td></td><td></td><td></td><td></td><td></td><td></td><td></td><td></td><td></td><td></td><td></td></tr>
</table>

附件　　张

会计主管：　　　　记账：　　　　审核：　　　　出纳：　　　　制单：

凭证1-10

记 账 凭 证

年　月　日

<table>
<tr><th rowspan="2">摘要</th><th colspan="2">会计科目</th><th colspan="10">借方</th><th colspan="10">贷方</th><th rowspan="2">过账 √</th></tr>
<tr><th>总账科目</th><th>明细科目</th><th>千</th><th>百</th><th>十</th><th>万</th><th>千</th><th>百</th><th>十</th><th>元</th><th>角</th><th>分</th><th>千</th><th>百</th><th>十</th><th>万</th><th>千</th><th>百</th><th>十</th><th>元</th><th>角</th><th>分</th></tr>
<tr><td></td><td></td><td></td><td></td><td></td><td></td><td></td><td></td><td></td><td></td><td></td><td></td><td></td><td></td><td></td><td></td><td></td><td></td><td></td><td></td><td></td><td></td><td></td></tr>
<tr><td></td><td></td><td></td><td></td><td></td><td></td><td></td><td></td><td></td><td></td><td></td><td></td><td></td><td></td><td></td><td></td><td></td><td></td><td></td><td></td><td></td><td></td><td></td></tr>
<tr><td></td><td></td><td></td><td></td><td></td><td></td><td></td><td></td><td></td><td></td><td></td><td></td><td></td><td></td><td></td><td></td><td></td><td></td><td></td><td></td><td></td><td></td><td></td></tr>
<tr><td></td><td></td><td></td><td></td><td></td><td></td><td></td><td></td><td></td><td></td><td></td><td></td><td></td><td></td><td></td><td></td><td></td><td></td><td></td><td></td><td></td><td></td><td></td></tr>
<tr><td></td><td></td><td></td><td></td><td></td><td></td><td></td><td></td><td></td><td></td><td></td><td></td><td></td><td></td><td></td><td></td><td></td><td></td><td></td><td></td><td></td><td></td><td></td></tr>
<tr><td colspan="3">合　　计</td><td></td><td></td><td></td><td></td><td></td><td></td><td></td><td></td><td></td><td></td><td></td><td></td><td></td><td></td><td></td><td></td><td></td><td></td><td></td><td></td><td></td></tr>
</table>

附件　　张

会计主管：　　　　记账：　　　　审核：　　　　出纳：　　　　制单：

任务二　材料费用的分配——定额费用比例分配法

【企业资料】

光华公司2021年5月生产甲、乙、丙三种产品,有关资料如下:

三种产品共同耗用D材料27 000元,其中甲产品产量为400件,单件产品定额费用为7元;乙产品产量为800件,单件产品定额费用为4元;丙产品产量为600件,单件产品定额费用为5元。

要求:计算材料费用,并运用定额费用比例分配法分配计算甲、乙、丙三种产品共同耗用的原材料费用。

【原始单据】

凭证2-1　　　　　　　　　　　　　　领料单

领料部门:第一生产车间

用途:生产甲产品　　　　　　　　2021年5月10日　　　　　　　　　　第1号

材料			单位	数量		成本	
编号	名称	规格		请领	实领	单价	总价
01	A材料		吨	8	8	30 000	240 000
合计							240 000

部门经理:林琳　　　　　会计:周波　　　　　仓管:袁小艺　　　　　经办人:王源

凭证2-2　　　　　　　　　　　　　　领料单

领料部门:第一生产车间

用途:生产乙产品　　　　　　　　2021年5月10日　　　　　　　　　　第2号

材料			单位	数量		成本	
编号	名称	规格		请领	实领	单价	总价
02	B材料		吨	10	10	3 000	30 000
合计							30 000

部门经理:林琳　　　　　会计:周波　　　　　仓管:袁小艺　　　　　经办人:王源

凭证 2-3　　　　　　　　　　　　　　　**领料单**

领料部门：第一生产车间
用途：生产丙产品　　　　　　　2021 年 5 月 10 日　　　　　　　　　　第 3 号

材料			单位	数量		成本	
编号	名称	规格		请领	实领	单价	总价
03	C 材料		吨	12	12	2 000	24 000
合计							24 000

部门经理：林琳　　　　会计：周波　　　　仓管：袁小艺　　　　经办人：王源

凭证 2-4　　　　　　　　　　　　　　　**领料单**

领料部门：第一生产车间
用途：生产甲、乙、丙产品共同耗用　　2021 年 5 月 10 日　　　　　　第 4 号

材料			单位	数量		成本	
编号	名称	规格		请领	实领	单价	总价
04	D 材料		吨	10	10	2 700	27 000
合计							27 000

部门经理：林琳　　　　会计：周波　　　　仓管：袁小艺　　　　经办人：王源

凭证 2-5　　　　　　　　　　　　　　　**领料单**

领料部门：第一生产车间
用途：一般耗用　　　　　　　　2021 年 5 月 10 日　　　　　　　　　第 5 号

材料			单位	数量		成本	
编号	名称	规格		请领	实领	单价	总价
05	A 材料		吨	1	1	30 000	30 000
合计							30 000

部门经理：林琳　　　　会计：周波　　　　仓管：袁小艺　　　　经办人：王源

凭证 2-6　　　　　　　　　　　　　　**领料单**

领料部门：销售部门

用途：与销售活动相关　　　　　　2021 年 5 月 10 日　　　　　　　　第 6 号

材料			单位	数量		成本	
编号	名称	规格		请领	实领	单价	总价
06	A 材料		吨	1	1	30 000	30 000
合计							30 000

部门经理：林琳　　　　　会计：周波　　　　　仓管：袁小艺　　　　　经办人：王源

凭证 2-7　　　　　　　　**产品定额费用耗用表**

产品名称	原材料名称	产品产量	单件产品费用定额	产品材料费用定额
甲产品	D 材料	400	7	2 800
乙产品		800	4	3 200
丙产品		600	5	3 000

【任务单】

工作步骤 1：根据领料单等原始凭证编制原材料领用汇总表。

凭证 2-8　　　　　　　　**原材料领用汇总表**

2021 年 5 月 11 日

领料部门或单位	用途	材料名称	单位	数量	单价	金额
第一生产车间	甲产品直接耗用					
	乙产品直接耗用					
	丙产品直接耗用					
	甲、乙、丙产品共同耗用					
	一般耗用					
销售部门						
合计						

工作步骤2：根据原材料领用汇总表编制材料费用分配汇总表。

凭证 2-9　　　　　　　　　　**材料费用分配汇总表**

2021年5月11日

项目		直接计入材料	分配计入材料			合计
			分配标准(元)	分配率	分配金额	
第一生产车间	甲产品					
	乙产品					
	丙产品					
	小计					
	一般耗用					
销售部门						
合计						

工作步骤3：根据材料费用分配汇总表填制和审核记账凭证。

凭证 2-10　　　　　　　　　　　记 账 凭 证

年　月　日

摘要	会计科目		借方									贷方									过账√
	总账科目	明细科目	千	百	十	万	千	百	十	元	角	分	千	百	十	万	千	百	十	元	角	分	
合　　计																						

附件　　张

会计主管：　　　　记账：　　　　审核：　　　　出纳：　　　　制单：

凭证 2-11　　　　　　　　　　　记 账 凭 证

年　月　日

摘要	会计科目		借方									贷方									过账√
	总账科目	明细科目	千	百	十	万	千	百	十	元	角	分	千	百	十	万	千	百	十	元	角	分	
合　　计																						

附件　　张

会计主管：　　　　记账：　　　　审核：　　　　出纳：　　　　制单：

任务三　工资费用的分配——计时工资

【企业资料】

2021年4月30日,喜洋洋公司生产车间生产甲、乙、丙三种产品。本月发生的生产工人的计时工资共计58 000元。甲产品完工1 000件,乙产品完工800件,丙产品完工450件。单件产品工时定额:甲产品1小时,乙产品3小时,丙产品2小时。

要求:计算甲、乙、丙三种产品各自应负担的工资费用,编制工资费用分配表,并填制记账凭证。(分配率保留4位小数,金额保留2位小数,尾差倒挤进最后一个部门)

【任务单】

工作步骤1:根据已知的产品定额工时,计算甲、乙、丙三种产品各自应负担的工资费用。

工作步骤2:编制工资费用分配表。

凭证3-1　　　　　　　　　　　工资费用分配表

产品名称	产品定额工时(小时)	分配率	分配金额(元)
甲产品			
乙产品			
丙产品			
合计			

财务主管:李萍　　　　　　　　　审核:张岚　　　　　　　　　制单:王翔

工作步骤3:编制工资结算汇总表。

凭证3-2　　　　　　　　　　　工资结算汇总表

2021年4月30日　　　　　　　　　　　　　　单位:元

项目		应借成本或费用项目	基本工资	津贴	应付职工工资	代缴代扣款项	实发工资
生产工人工资	甲产品	基本生产成本					
	乙产品						
	丙产品						
小计							
车间管理人员		制造费用					
管理部门		管理费用					
销售部门		销售费用					
合计							

财务主管:李萍　　　　　　　　　审核:张岚　　　　　　　　　制单:王翔

工作步骤4:根据工资费用分配表及工资结算汇总表编制记账凭证。

凭证3-3　　　　　　　　　　　　记 账 凭 证

年　月　日

摘要	会计科目		借方									贷方									过账√
	总账科目	明细科目	千	百	十	万	千	百	十	元	角	分	千	百	十	万	千	百	十	元	角	分	
合　　计																							

附件　　张

会计主管：　　　记账：　　　审核：　　　出纳：　　　制单：

凭证3-4　　　　　　　　　　　　记 账 凭 证

年　月　日

摘要	会计科目		借方									贷方									过账√
	总账科目	明细科目	千	百	十	万	千	百	十	元	角	分	千	百	十	万	千	百	十	元	角	分	
合　　计																							

附件　　张

会计主管：　　　记账：　　　审核：　　　出纳：　　　制单：

任务四　工资费用的分配——福利、保险、公积金

【企业资料】

承任务三，2021年4月30日，喜洋洋公司分别按照工资总额的20％、7.8％、3‰、0.5％、12％、2％、1.5％计提养老保险、医疗保险（包含生育保险）、工伤保险、失业保险、住房公积金、工会经费、职工教育经费。

要求：计算编制工资费用分配表，并填制记账凭证。（金额保留2位小数）

职工薪酬的概述

职工薪酬的计算

【任务单】

工作步骤1：根据已知工资总额计算编制工资费用分配表。

凭证4-1　　　　　　　　　　　工资费用分配表

2021年4月30日　　　　　　　　　　　　　　　　　单位：元

项目		应借成本或费用项目	应付职工薪酬							合计
			养老保险 20％	医疗保险（含生育保险）7.8％	工伤保险 3‰	失业保险 0.5％	住房公积金 12％	工会经费 2％	职工教育经费 1.5％	
生产工人工资	甲产品	基本生产成本								
	乙产品									
	丙产品									
小计										
车间管理人员		制造费用								
管理部门		管理费用								
销售部门		销售费用								
合计										

财务主管：李萍　　　　　　　　审核：张岚　　　　　　　　制单：王翔

工作步骤2：根据工资费用分配表分配"四险一金"填制记账凭证。

凭证4-2

记 账 凭 证
年 月 日

摘要	会计科目		借方									贷方									过账√
	总账科目	明细科目	千	百	十	万	千	百	十	元	角	分	千	百	十	万	千	百	十	元	角	分	
合　　计																						

附件　　张

会计主管：　　　　　记账：　　　　　审核：　　　　　出纳：　　　　　制单：

凭证4-3

记 账 凭 证
年 月 日

摘要	会计科目		借方										贷方										过账√
	总账科目	明细科目	千	百	十	万	千	百	十	元	角	分	千	百	十	万	千	百	十	元	角	分	
合　　计																							

附件　　张

会计主管：　　　　　记账：　　　　　审核：　　　　　出纳：　　　　　制单：

工作步骤3：根据工资费用分配表分配工会经费，填制记账凭证。

凭证4-4

记 账 凭 证
年 月 日

摘要	会计科目		借方										贷方										过账√
	总账科目	明细科目	千	百	十	万	千	百	十	元	角	分	千	百	十	万	千	百	十	元	角	分	
合　　计																							

附件　　张

会计主管：　　　　　记账：　　　　　审核：　　　　　出纳：　　　　　制单：

凭证 4-5   记 账 凭 证
                              年   月   日

摘要	会计科目		借方									贷方									过账√
	总账科目	明细科目	千	百	十	万	千	百	十	元	角	分	千	百	十	万	千	百	十	元	角	分	
合 计																							

会计主管：   记账：   审核：   出纳：   制单：

附件   张

工作步骤 4：根据工资费用分配表分配职工教育经费，填制记账凭证。

凭证 4-6   记 账 凭 证
                              年   月   日

摘要	会计科目		借方									贷方									过账√
	总账科目	明细科目	千	百	十	万	千	百	十	元	角	分	千	百	十	万	千	百	十	元	角	分	
合 计																							

会计主管：   记账：   审核：   出纳：   制单：

附件   张

凭证 4-7   记 账 凭 证
                              年   月   日

摘要	会计科目		借方									贷方									过账√
	总账科目	明细科目	千	百	十	万	千	百	十	元	角	分	千	百	十	万	千	百	十	元	角	分	
合 计																							

会计主管：   记账：   审核：   出纳：   制单：

附件   张

任务五　工资费用的分配——生产工时比例法

【企业资料】

职工薪酬的汇总与分配

香飘飘食用油制造有限公司生产花椒油和芝麻油两种产品。2021年6月,生产花椒油和芝麻油的生产工时分别为2 600小时和2 400小时。香飘飘食用油制造有限公司分别按照工资总额的20%、7.8%、3‰、0.5%、12%、2%、1.5%计提养老保险、医疗保险(包含生育保险)、工伤保险、失业保险、住房公积金、工会经费、职工教育经费。

要求:根据原始单据按照生产工时比例法分配生产工人工资费用,编制工资费用分配表(职工工资)和工资费用分配表(保险及福利费),并填制记账凭证。

【原始单据】

凭证5-1　　　　　　　　　部门职工薪酬发放情况汇总表

2021年6月30日　　　　　　　　　　　　　　　　单位:元

序号	部门	人员类别	金额
1	基本生产车间	生产工人	21 000
2	基本生产车间	管理人员	8 200
3	行政部门	管理人员	18 000
4	销售部门	销售人员	18 400
	合计		65 600

审核:秦丁方　　　　　　　　　　　　　　　　　　　　　　　　制单:赵思友

凭证5-2　　　　　　　　　端午节慰问金发放情况汇总表

2021年6月30日　　　　　　　　　　　　　　　　单位:元

序号	部门	人员类别	金额
1	基本生产车间	生产工人	5 000
2	基本生产车间	管理人员	4 000
3	行政部门	管理人员	4 500
4	销售部门	销售人员	4 400
	合计		17 900

审核:秦丁方　　　　　　　　　　　　　　　　　　　　　　　　制单:赵思友

【任务单】

工作步骤1:根据原始单据计算编制工资费用分配表(职工工资)。

凭证 5-3   **工资费用分配表(职工工资)**

2021 年 6 月 30 日

成本或费用项目	产品名称	生产工时(小时)	分配率(元/小时)	分配额(元)
生产成本——基本生产成本				
	小计			
制造费用				
管理费用				
销售费用				
合　　计				

审核：　　　　　　　　　　　　　　　　　　　　　　制单：

工作步骤 2：根据原始单据及工资费用分配表(职工工资)计算编制工资费用分配表(保险及福利费)。

凭证 5-4   **工资费用分配表(保险及福利费)**

2021 年 6 月 30 日　　　　　　　　　　　　　　　　单位:元

成本或费用项目		计提基数	应付职工薪酬							福利费	合计
			养老保险 20%	医疗保险(含生育保险)7.8%	工伤保险 3‰	失业保险 0.5%	住房公积金 12%	工会经费 2%	职工教育经费 1.5%		
生产成本——基本生产成本	花椒油										
	芝麻油										
	小计										
车间管理人员											
管理部门											
销售部门											
合计											

审核：　　　　　　　　　　　　　　　　　　　　　　制单：

工作步骤3:根据原始单据、工资费用分配表(职工工资)和工资费用分配表(保险及福利费)填制记账凭证。

凭证 5-5

记 账 凭 证

年　月　日

摘要	会计科目		借方									贷方									过账√
	总账科目	明细科目	千	百	十	万	千	百	十	元	角	分	千	百	十	万	千	百	十	元	角	分	
合　　计																							

附件　　张

会计主管:　　　　　记账:　　　　　审核:　　　　　出纳:　　　　　制单:

凭证 5-6

记 账 凭 证

年　月　日

摘要	会计科目		借方									贷方									过账√
	总账科目	明细科目	千	百	十	万	千	百	十	元	角	分	千	百	十	万	千	百	十	元	角	分	
合　　计																							

附件　　张

会计主管:　　　　　记账:　　　　　审核:　　　　　出纳:　　　　　制单:

任务六 外购动力费用的归集与分配

【企业资料】

2021年11月16日,宏发儿童服装制造厂发生外购动力(电力)业务。已知儿童外套、儿童长裤、儿童毛衣及儿童背心的生产工时分别为2 000小时、1 800小时、1 000小时和1 200小时,共计6 000小时。

要求:根据原始单据,计算编制外购动力分配表,并填制记账凭证。(分配率保留4位小数,金额保留2位小数)

【原始单据】

凭证6-1   电子发票

发票代码:052002000000
发票号码:12345678
开票日期:2021年07月25日
校验码:12321 34545 56767 57890

机器编号:410010414000

购买方	名称:宏发儿童服装制造厂 纳税人识别号:321678976876543298 地址、电话:青岛市珠海街道108号 0532-88390805 开户行及账号:建行青岛珠海路支 11005056664875652420	密码区	6877789*&^*(&%45*&^)(*&*(%(6^^ #%#@#$@342vkh%43223216+5456 132415?><$#@$#+I28$+I51#@$@$ +I77@+I1vkh%43223216+545613241

货物或应税劳务名称	规格型号	单位	数量	单价	金额	税率	税额
电费		度	7 430	0.85	6 315.50	13%	821.02
合 计					¥ 6 315.50		¥ 821.02

价税合计(大写)	Ⓧ 柒仟壹佰叁拾陆元伍角贰分	(小写) ¥ 7 136.52

销售方	名称:大连市供电公司 纳税人识别号:588949001182037491 地址、电话:大连市中山路102号 开户行及账号:建行大连金州支行 11005056664875652420	备注	

收款人: 复核:王晓伟   开票人:陈涛

凭证 6-2　　　　　　　　　　　**外购动力汇总表**

2021 年 11 月 16 日

车间或部门	用电量	单价（元/度）	金额（元）
第一生产车间	2 800	0.85	2 380.00
第二生产车间	2 800	0.85	2 380.00
车间管理部门	400	0.85	340.00
维修车间	450	0.85	382.50
行政部门	500	0.85	425.00
销售部门	480	0.85	408.00
合计	7 430		6 315.50

【任务单】

燃料动力费用的归集与分配

工作步骤 1：根据原始单据，计算编制外购动力分配表。（分配率保留 4 位小数，金额保留 2 位小数）

凭证 6-3　　　　　　　　　　　**外购动力分配表**

2021 年 11 月　　　　　　　　　　　　　　　　　　　　　　　单位：元

车间或部门			电费分配				
			单价（元/度）	用电量	分配标准/工时	分配率	金额（元）	合计（元）
基本生产成本	第一生产车间	儿童外套		1 500				
		儿童长裤		1 300				
	小计			2 800				
	第二生产车间	儿童毛衣		1 500				
		儿童背心		1 300				
小计				2 800				
制造费用	第一生产车间			250				
	第二生产车间			150				
小计				400				
辅助生产成本	维修车间			450				
管理费用	行政部门			500				
销售费用	销售部门			480				
合计				7 430				

工作步骤 2：根据外购动力分配表，填制记账凭证。（金额保留 2 位小数）

凭证 6-4

记 账 凭 证

年　月　日

外购动力费用归集和分配实训——编制分配表、账户处理

摘要	会计科目		借方	贷方	过账 √
	总账科目	明细科目	千百十万千百十元角分	千百十万千百十元角分	
合　　　计					

附件　　　张

会计主管：　　　　记账：　　　　审核：　　　　出纳：　　　　制单：

凭证 6-5

记 账 凭 证

年　月　日

摘要	会计科目		借方	贷方	过账 √
	总账科目	明细科目	千百十万千百十元角分	千百十万千百十元角分	
合　　　计					

附件　　　张

会计主管：　　　　记账：　　　　审核：　　　　出纳：　　　　制单：

任务七 折旧费用——平均年限法(直线折旧法)

【企业资料】

折旧及其他
费用的核算

2021年2月28日,广州飞跃家具制造有限责任公司财务部门及总经理办公室分别有2台打印机。

要求:请根据原始单据,采用平均年限法填制固定资产折旧计算表。(折旧额保留2位小数)

【原始单据】

凭证 7-1 　　　　　　　　固定资产卡片

使用部门或车间:财务部门　　　　2021年5月18日

类别	办公设备	出厂或交接日期	2019年5月18日	预计使用年限	7年
编号	001001	购入或使用日期	2019年5月18日	预计残值	零
固定资产名称	惠普打印机	使用部门	财务部门	预计清理费用	零
型号或规格	1005	存放部门	财务部门	月折旧率	1.19%
生产单位		总价值	2 860	折旧方法	平均年限法
增加方式	购入	经手人	刘元		
大修情况		移动情况			
时间	内容	时间	使用部门	用途	经手人

凭证 7-2 　　　　　　　　固定资产卡片

使用部门或车间:财务部门　　　　2021年5月18日

类别	办公设备	出厂或交接日期	2019年5月18日	预计使用年限	7年
编号	001002	购入或使用日期	2019年5月18日	预计残值	零
固定资产名称	惠普打印机	使用部门	财务部门	预计清理费用	零
型号或规格	1005	存放部门	财务部门	月折旧率	1.19%
生产单位		总价值	2 860	折旧方法	平均年限法
增加方式	购入	经手人	刘元		
大修情况		移动情况			
时间	内容	时间	使用部门	用途	经手人

凭证 7-3　　　　　　　　　　固定资产卡片

使用部门或车间：总经理办公室　　　　2021 年 5 月 18 日

类别	办公设备	出厂或交接日期	2019 年 5 月 18 日	预计使用年限	7 年
编号	001003	购入或使用日期	2019 年 5 月 18 日	预计残值	零
固定资产名称	惠普打印机	使用部门	总经理办公室	预计清理费用	零
型号或规格	1005	存放部门	总经理办公室	月折旧率	1.19%
生产单位		总价值	2 860	折旧方法	平均年限法
增加方式	购入	经手人	刘元		
大修情况		移动情况			
时间	内容	时间	使用部门	用途	经手人

凭证 7-4　　　　　　　　　　固定资产卡片

使用部门或车间：总经理办公室　　　　2021 年 5 月 18 日

类别	办公设备	出厂或交接日期	2019 年 5 月 18 日	预计使用年限	7 年
编号	001004	购入或使用日期	2019 年 5 月 18 日	预计残值	零
固定资产名称	惠普打印机	使用部门	总经理办公室	预计清理费用	零
型号或规格	1005	存放部门	总经理办公室	月折旧率	1.19%
生产单位		总价值	2 860	折旧方法	平均年限法
增加方式	购入	经手人	刘元		
大修情况		移动情况			
时间	内容	时间	使用部门	用途	经手人

【任务单】

工作步骤 1：请根据原始单据，采用平均年限法填制固定资产折旧计算表。（折旧额保留 2 位小数）

凭证 7-5　　　　　　　　　　固定资产折旧计算表

2021 年 2 月 28 日　　　　　　　　　　　　　　　　　　单位：元

部门或车间	固定资产名称	原值（元）	月折旧率	月折旧额（元）
财务部门	办公设备——惠普打印机 001001			
财务部门	办公设备——惠普打印机 001002			
总经理办公室	办公设备——惠普打印机 001003			
总经理办公室	办公设备——惠普打印机 001004			
合计				

会计主管：张小飞　　　　　　　审核：顾刚　　　　　　　制单：王丹青

工作步骤2：请根据固定资产折旧计算表编制记账凭证。

凭证 7-6

记 账 凭 证
年　月　日

摘要	会计科目		借方										贷方										过账√
	总账科目	明细科目	千	百	十	万	千	百	十	元	角	分	千	百	十	万	千	百	十	元	角	分	
合　　计																								

附件　　张

会计主管：　　　　记账：　　　　审核：　　　　出纳：　　　　制单：

任务八　折旧费用——双倍余额递减法

【企业资料】

2021年1月1日,上海惠碧普童装有限责任公司剪裁车间有裁床2台、后整车间有去污机2台。

要求:请根据原始单据,采用双倍余额递减法填制固定资产折旧计算表,并写出年折旧率、年折旧额的计算过程。(折旧额保留2位小数)

折旧及其他费用的核算

【原始单据】

凭证8-1　　　　　　　　　　　固定资产卡片

使用部门或车间:裁剪车间　　　　2021年1月1日

类别	机械设备	出厂或交接日期	2015年12月31日	预计使用年限	5年
编号	100101	购入或使用日期	2015年12月31日	预计残值	3 660
固定资产名称	红星裁床	使用部门	裁剪车间	预计清理费用	零
型号或规格	7741BBW	存放部门	裁剪车间	月折旧率	
生产单位		总价值	62 000	折旧方法	双倍余额递减法
增加方式	购入	经手人	陈旭		
大修情况			移动情况		
时间	内容	时间	使用部门	用途	经手人

凭证8-2　　　　　　　　　　　固定资产卡片

使用部门或车间:裁剪车间　　　　2021年1月1日

类别	机械设备	出厂或交接日期	2015年12月31日	预计使用年限	5年
编号	100102	购入或使用日期	2015年12月31日	预计残值	3 660
固定资产名称	红星裁床	使用部门	裁剪车间	预计清理费用	零
型号或规格	7741BBW	存放部门	裁剪车间	月折旧率	
生产单位		总价值	62 000	折旧方法	双倍余额递减法
增加方式	购入	经手人	陈旭		
大修情况			移动情况		
时间	内容	时间	使用部门	用途	经手人

凭证 8-3　　　　　　　　　　　固定资产卡片

使用部门或车间：后整车间　　　　2021 年 1 月 1 日

类别	机械设备	出厂或交接日期	2015 年 12 月 31 日	预计使用年限	5 年
编号	100103	购入或使用日期	2015 年 12 月 31 日	预计残值	3 500
固定资产名称	亮晶晶去污机	使用部门	后整车间	预计清理费用	零
型号或规格	5005A	存放部门	后整车间	月折旧率	
生产单位		总价值	75 200	折旧方法	双倍余额递减法
增加方式	购入	经手人	陈旭		
大修情况		移动情况			
时间	内容	时间	使用部门	用途	经手人

凭证 8-4　　　　　　　　　　　固定资产卡片

使用部门或车间：后整车间　　　　2021 年 1 月 1 日

类别	机械设备	出厂或交接日期	2015 年 12 月 31 日	预计使用年限	5 年
编号	100104	购入或使用日期	2015 年 12 月 31 日	预计残值	3 500
固定资产名称	亮晶晶去污机	使用部门	后整车间	预计清理费用	零
型号或规格	5005A	存放部门	后整车间	月折旧率	
生产单位		总价值	75 200	折旧方法	双倍余额递减法
增加方式	购入	经手人	陈旭		
大修情况		移动情况			
时间	内容	时间	使用部门	用途	经手人

【任务单】

工作步骤 1：请根据原始单据，采用双倍余额递减法填制固定资产折旧计算表，并写出年折旧率、年折旧额的计算过程。（折旧额保留 2 位小数）

凭证 8-5　　　　　　　　　固定资产折旧计算表

　　　　　　　　　　　　　　　　2021 年 1 月 1 日　　　　　　　　　　单位：元

年份	部门或车间	固定资产名称	期初账面价值	年折旧率	年折旧额	本月折旧额	期末余额
第一年	裁剪车间	红星裁床 7741BBW					
第一年	裁剪车间	红星裁床 7741BBW					
第一年	后整车间	亮晶晶去污机 5005A					

(续表)

年份	部门或车间	固定资产名称	期初账面价值	年折旧率	年折旧额	本月折旧额	期末余额
第一年	后整车间	亮晶晶去污机5005A					
第二年	裁剪车间	红星裁床7741BBW					
第二年	裁剪车间	红星裁床7741BBW					
第二年	后整车间	亮晶晶去污机5005A					
第二年	后整车间	亮晶晶去污机5005A					
第三年	裁剪车间	红星裁床7741BBW					
第三年	裁剪车间	红星裁床7741BBW					
第三年	后整车间	亮晶晶去污机5005A					
第三年	后整车间	亮晶晶去污机5005A					
第四年	裁剪车间	红星裁床7741BBW					
第四年	裁剪车间	红星裁床7741BBW					
第四年	后整车间	亮晶晶去污机5005A					
第四年	后整车间	亮晶晶去污机5005A					
第五年	裁剪车间	红星裁床7741BBW					
第五年	裁剪车间	红星裁床7741BBW					
第五年	后整车间	亮晶晶去污机5005A					
第五年	后整车间	亮晶晶去污机5005A					
合计							

会计主管：龙岩　　　　　　审核：顾理　　　　　　制单：王小明

工作步骤2：请根据固定资产折旧计算表编制记账凭证。

凭证8-6　　　　　　　　　　记 账 凭 证
　　　　　　　　　　　　　　　年　月　日

摘要	会计科目		借方									贷方									过账√
	总账科目	明细科目	千	百	十	万	千	百	十	元	角	分	千	百	十	万	千	百	十	元	角	分	
合　计																							

会计主管：　　　　　记账：　　　　　审核：　　　　　出纳：　　　　　制单：

任务九　折旧费用——年数总和法

【企业资料】

2021年1月1日，广州喜团圆月饼有限责任公司第一生产车间有月饼成型机2台、月饼烘烤机2台。

要求：请根据原始单据，采用年数总和法填制固定资产折旧计算表，并写出年折旧率、年折旧额的计算过程。（折旧率保留4位小数，折旧额保留2位小数）

【原始单据】

凭证9-1　　　　　　　　　　　　**固定资产卡片**

使用部门或车间：第一生产车间　　　　2021年1月1日

类别	机械设备	出厂或交接日期	2015年12月31日	预计使用年限	5年
编号	32001	购入或使用日期	2015年12月31日	预计残值	5 320
固定资产名称	赛雅月饼成型机	使用部门	第一生产车间	预计清理费用	零
型号或规格	5404A001	存放部门	第一生产车间	月折旧率	
生产单位		总价值	77 480	折旧方法	年数总和法
增加方式	购入	经手人	姜丽丽		
大修情况			移动情况		
时间	内容	时间	使用部门	用途	经手人

凭证9-2　　　　　　　　　　　　**固定资产卡片**

使用部门或车间：第一生产车间　　　　2021年1月1日

类别	机械设备	出厂或交接日期	2015年12月31日	预计使用年限	5年
编号	32002	购入或使用日期	2015年12月31日	预计残值	5 320
固定资产名称	赛雅月饼成型机	使用部门	第一生产车间	预计清理费用	零
型号或规格	5404A001	存放部门	第一生产车间	月折旧率	
生产单位		总价值	77 480	折旧方法	年数总和法
增加方式	购入	经手人	姜丽丽		
大修情况			移动情况		
时间	内容	时间	使用部门	用途	经手人

凭证 9-3　　　　　　　　　**固定资产卡片**

使用部门或车间：第一生产车间　　　　2021 年 1 月 1 日

类别	机械设备	出厂或交接日期	2015 年 12 月 31 日	预计使用年限	5 年
编号	32003	购入或使用日期	2015 年 12 月 31 日	预计残值	4 100
固定资产名称	赛雅月饼烘烤机	使用部门	第一生产车间	预计清理费用	零
型号或规格	5704A001	存放部门	第一生产车间	月折旧率	
生产单位		总价值	74 000	折旧方法	年数总和法
增加方式	购入	经手人	姜丽丽		
大修情况			移动情况		
时间	内容	时间	使用部门	用途	经手人

凭证 9-4　　　　　　　　　**固定资产卡片**

使用部门或车间：第一生产车间　　　　2021 年 1 月 1 日

类别	机械设备	出厂或交接日期	2015 年 12 月 31 日	预计使用年限	5 年
编号	32004	购入或使用日期	2015 年 12 月 31 日	预计残值	4 100
固定资产名称	赛雅月饼烘烤机	使用部门	第一生产车间	预计清理费用	零
型号或规格	5704A001	存放部门	第一生产车间	月折旧率	
生产单位		总价值	74 000	折旧方法	年数总和法
增加方式	购入	经手人	姜丽丽		
大修情况			移动情况		
时间	内容	时间	使用部门	用途	经手人

【任务单】

工作步骤 1：请根据原始单据，采用年数总和法填制固定资产折旧计算表，并写出年折旧率、年折旧额的计算过程。（折旧率保留 4 位小数，折旧额保留 2 位小数）

凭证 9-5　　　　　　　　　**固定资产折旧计算表**

　　　　　　　　　　　　　　　2021 年 1 月 1 日　　　　　　　　　　　　　　单位：元

年份	部门或车间	固定资产名称	原值	预计净残值	计提折旧基数	尚可使用年限	年折旧率	年折旧额	本月折旧额
第一年	第一生产车间	赛雅月饼成型机							
第一年	第一生产车间	赛雅月饼成型机							
第一年	第一生产车间	赛雅月饼烘烤机							

(续表)

年份	部门或车间	固定资产名称	原值	预计净残值	计提折旧基数	尚可使用年限	年折旧率	年折旧额	本月折旧额
第一年	第一生产车间	赛雅月饼烘烤机							
第二年	第一生产车间	赛雅月饼成型机							
第二年	第一生产车间	赛雅月饼成型机							
第二年	第一生产车间	赛雅月饼烘烤机							
第二年	第一生产车间	赛雅月饼烘烤机							
第三年	第一生产车间	赛雅月饼成型机							
第三年	第一生产车间	赛雅月饼成型机							
第三年	第一生产车间	赛雅月饼烘烤机							
第三年	第一生产车间	赛雅月饼烘烤机							
第四年	第一生产车间	赛雅月饼成型机							
第四年	第一生产车间	赛雅月饼成型机							
第四年	第一生产车间	赛雅月饼烘烤机							
第四年	第一生产车间	赛雅月饼烘烤机							
第五年	第一生产车间	赛雅月饼成型机							
第五年	第一生产车间	赛雅月饼成型机							
第五年	第一生产车间	赛雅月饼烘烤机							
第五年	第一生产车间	赛雅月饼烘烤机							
合计									

会计主管:龚明伟　　　　　　审核:殷小梅　　　　　　制单:石超然

工作步骤2:请根据固定资产折旧计算表编制记账凭证。

凭证9-6

记 账 凭 证

年　月　日

摘要	会计科目		借方									贷方									过账√
	总账科目	明细科目	千	百	十	万	千	百	十	元	角	分	千	百	十	万	千	百	十	元	角	分	
合　计																								

附件　张

会计主管:　　　　记账:　　　　审核:　　　　出纳:　　　　制单:

任务十 周转材料的归集与分配——五五摊销法

【企业资料】

2021年5月1日,粽叶飘香食品有限责任公司购入一批低值易耗品,已取得增值税专用发票,低值易耗品已入库。

要求:采用五五摊销法,根据原始单据填制购入、领用及结转周转材料的记账凭证。(金额保留2位小数)

【原始单据】

凭证 10-1

凭证 10-2

入 库 单

2021 年 5 月 2 日

交来单位或部门	鹏飞公司			发票号码		54367891		验收仓库	周转材料仓
编号	名称	规格	单位	数量		计划成本		实际成本	价格差异
				应收	实收	单价	金额	单价	金额	
0101	A4 纸		包	25	25			38.00	950.00	
0102	文件夹		个	19	19			12.00	228.00	
0103	订书机		个	20	20			15.00	300.00	
0104	订书针		盒	14	14			7.00	98.00	
合计				78	78				1 576.00	

部门经理：官晶晶　　　　会计：邵天琪　　　　仓管：王敏轩　　　　经办人：曹克娟

凭证 10-3　　　　　　　　　　　　领料单

领料部门：第一生产车间

用途：生产车间办公　　　　2021 年 5 月 2 日　　　　　　　　　　　　第 1 号

材料			单位	数量		成本	
编号	名称	规格		请领	实领	单价	总价
0101	A4 纸		包	7	7	38.00	266.00
0102	文件夹		个	6	6	12.00	72.00
0103	订书机		个	3	3	15.00	45.00
0104	订书针		盒	3	3	7.00	21.00
合计				19	19		404.00

部门经理：官晶晶　　　　会计：邵天琪　　　　仓管：王敏轩　　　　经办人：曹克娟

凭证 10-4　　　　　　　　　　　　领料单

领料部门：第二生产车间

用途：生产车间办公　　　　2021 年 5 月 2 日　　　　　　　　　　　　第 2 号

材料			单位	数量		成本	
编号	名称	规格		请领	实领	单价	总价
0101	A4 纸		包	7	7	38.00	266.00
0102	文件夹		个	6	6	12.00	72.00
0103	订书机		个	3	3	15.00	45.00
0104	订书针		盒	3	3	7.00	21.00
合计				19	19		404.00

部门经理：官晶晶　　　　会计：邵天琪　　　　仓管：王敏轩　　　　经办人：曹克娟

凭证 10-5　　　　　　　　　　　　　　　　领料单

领料部门:总经理办公室
用途:行政管理办公　　　　　　　2021 年 5 月 2 日　　　　　　　　　　　　　　　第 3 号

材料			单位	数量		成本	
编号	名称	规格		请领	实领	单价	总价
0101	A4 纸		包	7	7	38.00	266.00
0102	文件夹		个	5	5	12.00	60.00
0103	订书机		个	12	12	15.00	180.00
0104	订书针		盒	6	6	7.00	42.00
合计				30	30		548.00

部门经理:官晶晶　　　　会计:邵天琪　　　　仓管:王敏轩　　　　经办人:曹克娟

凭证 10-6　　　　　　　　　　　　　　　　领料单

领料部门:销售部门办公室
用途:销售办公　　　　　　　　2021 年 5 月 2 日　　　　　　　　　　　　　　　第 4 号

材料			单位	数量		成本	
编号	名称	规格		请领	实领	单价	总价
0101	A4 纸		包	4	4	38.00	152.00
0102	文件夹		个	2	2	12.00	24.00
0103	订书机		个	2	2	15.00	30.00
0104	订书针		盒	2	2	7.00	14.00
合计				10	10		220.00

部门经理:官晶晶　　　　会计:邵天琪　　　　仓管:王敏轩　　　　经办人:曹克娟

【任务单】

　　工作步骤 1:根据原始单据填制购入周转材料的记账凭证。

凭证 10-7　　　　　　　　　　　　记 账 凭 证
　　　　　　　　　　　　　　　　　　　年　月　日

摘要	会计科目		借方		贷方		过账√
	总账科目	明细科目	千百十万千百十元角分		千百十万千百十元角分		
合　计							

附件　　张

会计主管:　　　　　记账:　　　　　审核:　　　　　出纳:　　　　　制单:

工作步骤 2：根据原始单据填制领用周转材料的记账凭证。

凭证 10-8   记 账 凭 证
                                              年   月   日

摘要	会计科目		借方									贷方									过账√
	总账科目	明细科目	千	百	十	万	千	百	十	元	角	分	千	百	十	万	千	百	十	元	角	分	
合　　计																						

附件　张

会计主管：　　　　　记账：　　　　　审核：　　　　　出纳：　　　　　制单：

工作步骤 3：按五五摊销法根据原始单据结转 50% 周转材料成本。

凭证 10-9   记 账 凭 证
                                              年   月   日

摘要	会计科目		借方									贷方									过账√
	总账科目	明细科目	千	百	十	万	千	百	十	元	角	分	千	百	十	万	千	百	十	元	角	分	
合　　计																						

附件　张

会计主管：　　　　　记账：　　　　　审核：　　　　　出纳：　　　　　制单：

工作步骤 4：按五五摊销法根据原始单据结转另外 50% 周转材料成本。

凭证 10-10   记 账 凭 证
                                              年   月   日

摘要	会计科目		借方									贷方									过账√
	总账科目	明细科目	千	百	十	万	千	百	十	元	角	分	千	百	十	万	千	百	十	元	角	分	
合　　计																						

附件　张

会计主管：　　　　　记账：　　　　　审核：　　　　　出纳：　　　　　制单：

工作步骤5：根据以上步骤结转周转材料明细。

凭证 10-11

记 账 凭 证
年 月 日

摘要	会计科目		借方									贷方									过账 √
	总账科目	明细科目	千	百	十	万	千	百	十	元	角	分	千	百	十	万	千	百	十	元	角	分	
合 计																								

附件　　张

会计主管：　　　　记账：　　　　审核：　　　　出纳：　　　　制单：

任务十一 废品损失——不可修复废品损失

【企业资料】

2021年3月31日,竹林故事家具制造有限责任公司生产办公椅和办公桌各400张,其中办公椅的生产成本为120 000.00元,办公桌的生产成本为124 000.00元。基本生产车间在生产办公桌椅的过程中发生了不可修复废品,并且回收了部分残料。

要求:请根据原始单据,编制不可修复废品损失计算单,然后根据不可修复废品损失计算单填制废品损失、转出不可修复废品生产成本、回收废品残料及结转废品净损失的记账凭证。(分配率保留4位小数,金额保留2位小数)

【原始单据】

凭证 11-1   **生产费用明细表**

车间名称:基本生产车间   2021年3月31日

产品名称	完工数量(件)	直接材料	直接人工	制造费用	生产工时(小时)	成本合计
办公椅	400	60 000.00	40 000.00	20 000.00	2 000	120 000.00
办公桌	400	64 000.00	40 000.00	20 000.00	2 000	124 000.00
合计	800				4 000	244 000.00

会计主管:刘晓静   质检员:刘娟华   制单:何明海

凭证 11-2   **产品检验表**

车间名称:基本生产车间   2021年3月31日

产品名称	单位	完工数量	合格品数量	不可修复废品数量	可修复废品数量
办公椅	把	400	395	5	
办公桌	张	400	392		8
合计		800	787	5	8

会计主管:刘晓静   质检员:刘娟华   制单:何明海

凭证 11-3   **废品损失情况表**

车间名称:基本生产车间   2021年3月31日

废品名称	规格型号	单位	报废性质	报废数量	报废金额	报废原因	残料金额
办公椅	0.8×1×0.8	把	不可修复,且修复费用较高	5	4 500.00	工废	265.00

会计主管:刘晓静   质检员:刘娟华   制单:何明海

凭证 11-4　　　　　　　　　收 料 单

领料部门：基本生产车间
用途：生产办公椅　　　　　　2021 年 3 月 31 日　　　　　　　　第 29 号

材料			单位	数量		实际成本		计划成本	
编号	名称	规格		应收	实收	单价	总价	单价	总价
030005	普通脚轮		个	5	5	25.00	125.00		
030006	头枕		个	5	5	28.00	140.00		
合计							265.00		

部门经理：张远鹏　　　　会计：宁海洋　　　　仓管：张天阔　　　　经办人：张无双

【任务单】

工作步骤 1：请根据原始单据，编制不可修复废品损失计算单，将费用分配率计算过程列出来。（分配率保留 4 位小数，金额保留 2 位小数）

凭证 11-5　　　　　　不可修复废品损失计算单
车间名称：基本生产车间　　　　2021 年 3 月 31 日　　　　　　单位：元

项目	数量（件）	直接材料	直接人工	制造费用	生产工时（小时）	成本合计
生产成本						
分配率						
废品成本						
减：废品残料						
废品净损失						

会计主管：刘晓静　　　　　　　　　　　　　　　　　　制单：何明海

废品损失的含义与分类

可修复废品损失的核算

不可修复废品损失的核算

工作步骤 2：请根据不可修复废品损失计算单填制并转出不可修复废品生产成本的记账凭证。（金额保留 2 位小数）

凭证 11-6　　　　　　　记 账 凭 证
　　　　　　　　　　　　　年　月　日

摘要	会计科目		借方											贷方											过账√
	总账科目	明细科目	千	百	十	万	千	百	十	元	角	分	千	百	十	万	千	百	十	元	角	分			
合　计																										

附件　张

会计主管：　　　　　记账：　　　　　审核：　　　　　出纳：　　　　　制单：

工作步骤3：请根据不可修复废品损失计算单填制回收废品残料记账凭证。（金额保留2位小数）

凭证11-7

记 账 凭 证
年　月　日

摘要	会计科目		借方									贷方									过账√
	总账科目	明细科目	千	百	十	万	千	百	十	元	角	分	千	百	十	万	千	百	十	元	角	分	
合　　计																								

附件　　　张

会计主管：　　　　　　记账：　　　　　　审核：　　　　　　出纳：　　　　　　制单：

工作步骤4：请根据不可修复废品损失计算单填制结转废品净损失记账凭证。（金额保留2位小数）

凭证11-8

记 账 凭 证
年　月　日

摘要	会计科目		借方									贷方									过账√
	总账科目	明细科目	千	百	十	万	千	百	十	元	角	分	千	百	十	万	千	百	十	元	角	分	
合　　计																								

附件　　　张

会计主管：　　　　　　记账：　　　　　　审核：　　　　　　出纳：　　　　　　制单：

任务十二　辅助生产费用的归集与分配——交互分配法

辅助生产费用的归集

【企业资料】

深圳好运来鞋业制造有限责任公司有供电、供水、维修和运输4个辅助生产车间。该企业2021年7月有关辅助生产成本及企业各单位受益情况如下。

要求：请根据原始单据，采用交互分配法进行劳务数量汇总，再根据劳务数量汇总表编制辅助生产费用分配表，最后编制记账凭证。（分配率保留4位小数，金额保留2位小数）

【原始单据】

凭证12-1　　　　　　　　　电费耗用情况表
2021年7月31日

耗用部门	数量（千瓦时）
供电车间	—
供水车间	4 750
维修车间	4 200
运输车间	4 050
基本生产车间	33 600
管理部门	21 000
销售部门	22 000
合计	89 600

凭证12-2　　　　　　　　　水费耗用情况表
2021年7月31日

耗用部门	数量（吨）
供电车间	2 400
供水车间	—
维修车间	3 300
运输车间	2 660
基本生产成本	19 500
管理部门	2 400
销售部门	1 900
合计	32 160

凭证 12-3 维修车间作业情况表

2021 年 7 月 31 日

序号	机器设备编号	维修项目	维修时段 开始日期	结束日期	合计天数	工时合计	维修耗材 名称	规格或型号	数量	金额	经手人
1	101WA200	基本生产车间机器设备	3	25	22	220	轴承		5	5 200.00	任大伟
2	561002	供水车间机器设备	3	27	24	240	钻刀		2	2 700.00	任大伟
3	VVI200q	供电车间设备维修	6	23	17	170	变压器		1	1 500.00	任大伟
4	洗手池	管理部门卫生间维修	14	28	14	140	水箱阀门		3	300.00	任大伟
5	传送带	运输车间设备维修	9	26	17	170	配件		5	3 500.00	任大伟
6		销售部门办公桌椅维修	13	24	11	110	小零件		20	1 250.00	任大伟
合计					105	1 050				14 450.00	

凭证 12-4 运输车间作业情况表

2021 年 7 月 31 日

运输货品名称	数量	单位	重量	单位	运输区间	距离	次数	千米	运输员	运输时间
供水设备	2	台	1.5	吨	工厂-高新区	58	2	116	郝大伟	2020 年 7 月 5 日
供电设备	2	台	2.5	吨	工厂-高新区	58	2	116	郝大伟	2020 年 7 月 8 日
修理设备	3	台	2	吨	工厂-高新区	58	3	174	郝大伟	2020 年 7 月 12 日
基本生产车间办公设备	3	台	200	千克	工厂-A厂	86	6	516	郝大伟	2020 年 7 月 15 日
管理部门办公桌椅	10	套	800	千克	工厂-A厂	86	5	430	林丽丹	2020 年 7 月 15 日
销售部门文件柜	5	个	1 200	千克	工厂-A厂	86	5	430	林丽丹	2020 年 7 月 25 日
合计							23	1 782		

凭证 12-5   电子发票

深圳增值税电子专用发票

发票代码:213468098754
发票号码:43215680
开票日期:2021年07月01日
校验码:43213 54367 54320 32168

机器编号:321037890765

购买方	名 称:	深圳好运来鞋业制造有限责任公司	密码区	6877789*&^*(&%45*&^)(*&*(%(6^^ #%#@#$@342vkh%43223216+5456 132415?><$#@$#+I28$+I51#@$@$ +I77@+I1vkh%3829109247#¥@y21*
	纳税人识别号:	123456789231809112		
	地 址、电 话:	深圳市龙岗区南岭综合大厦 0755-2776539		
	开户行及账号:	建行深圳南岭支行 11005092664875652420		

货物或应税劳务名称	规格型号	单位	数量	单价	金额	税率	税额
汽油		升	1 086.76	6.80	7 390.00	13%	960.70
合　　计					¥ 7 390.00		¥ 960.70

价税合计(大写)	Ⓧ 捌仟叁佰伍拾元柒角整	(小写) ¥ 8 350.70

销售方	名 称:	深圳石化汽油有限公司	备注
	纳税人识别号:	123456398907654310	
	地 址、电 话:	深圳市光明新区 0755-2546539	
	开户行及账号:	建行深圳南岭支行 22105020664875655439	

收款人:　　　　　复核:杨青　　　　　开票人:张欢

凭证 12-6   原材料领用汇总表

2020年7月31日   单位:元

材料名称	基本生产车间	供水车间	供电车间	维修车间	运输车间	管理部门	销售部门	合计
五金	1 650.00	1 020.00	1 300.00	1 350.00	3 500.00	1 300.00	990.00	11 110.00
减压阀	3 600.00	780.00	—	2 500.00	—	—	—	6 880.00
保险丝	860.00	300.00	5 500.00	4 700.00	2 100.00	1 900.00	1 890.00	17 250.00
防火板	5 400.00	1 600.00	8 800.00	7 400.00	—	2 000.00	2 300.00	27 500.00
封边条	3 300.00	—	—	2 100.00	—	1 200.00	1 500.00	8 100.00
合计	14 810.00	3 700.00	15 600.00	18 050.00	5 600.00	6 400.00	6 680.00	70 840.00

凭证 12-7   工资汇总表

2020 年 7 月 31 日   单位:元

车间或部门	基本工资	其他薪酬	扣款	应付工资
基本生产车间	308 000.00	55 800.00	3 200.00	367 000.00
供电车间	95 500.00	21 000.00	2 750.00	119 250.00
供水车间	70 500.00	22 000.00	—	92 500.00
维修车间	72 400.00	21 000.00	2 100.00	95 500.00
运输车间	78 900.00	18 800.00	—	97 700.00
管理部门	254 000.00	28 800.00	1 800.00	284 600.00
销售部门	288 000.00	55 000.00	—	343 000.00
合计	1 167 300.00	222 400.00	9 850.00	1 399 550.00

会计主管:沈晓艺   审核:李明海   制单:贾晓梅

【任务单】

工作步骤 1:请根据原始单据,采用交互分配法,编制辅助生产车间劳务汇总表,并列出金额计算过程。(金额保留 2 位小数)

辅助生产费用分配方法——交互分配法

凭证 12-8   辅助生产车间劳务汇总表

2021 年 7 月 31 日

车间或部门	单位	数量	金额(元)
供电	千瓦时		
供水	吨		
维修	工时		
运输	千米		
合计			

会计主管:沈晓艺   审核:李明海   制单:贾晓梅

工作步骤 2:请根据辅助生产车间劳务汇总表编制辅助生产费用分配表,并列出各辅助车间分配率及对外分配待分配费用的计算过程。(分配率保留 4 位小数,金额保留 2 位小数)

凭证 12-9　　　　　　　　辅助生产费用分配表(交互分配法)

2021 年 7 月　　　　　　　　　　　　　　　　　单位:元

分配对象			交互分配					对外分配				
辅助生产车间			供电	供水	维修	运输	合计	供电	供水	维修	运输	合计
计量单位			千瓦时	吨	工时	千米		千瓦时	吨	工时	千米	
待分配辅助生产费用												
劳务供应量												
分配率												
辅助生产车间	供电车间	耗用数量										
		分配金额										
	供水车间	耗用数量										
		分配金额										
	维修车间	耗用数量										
		分配金额										
	运输车间	耗用数量										
		分配金额										
	劳务供应量小计											
	金额小计											
基本生产车间		耗用数量										
		分配金额										
管理部门		耗用数量										
		分配金额										
销售部门		耗用数量										
		分配金额										
金额合计												

工作步骤3：请根据"辅助生产费用分配表"填制记账凭证。（金额保留2位小数）

凭证 12-10

记 账 凭 证

年 月 日

摘要	会计科目		借方									贷方									过账 √
	总账科目	明细科目	千	百	十	万	千	百	十	元	角	分	千	百	十	万	千	百	十	元	角	分	
合 计																							

会计主管：　　　　记账：　　　　审核：　　　　出纳：　　　　制单：

附件　张

凭证 12-11

记 账 凭 证

年 月 日

摘要	会计科目		借方									贷方									过账 √
	总账科目	明细科目	千	百	十	万	千	百	十	元	角	分	千	百	十	万	千	百	十	元	角	分	
合 计																							

会计主管：　　　　记账：　　　　审核：　　　　出纳：　　　　制单：

附件　张

凭证 12-12

记 账 凭 证

年 月 日

摘要	会计科目		借方									贷方									过账 √
	总账科目	明细科目	千	百	十	万	千	百	十	元	角	分	千	百	十	万	千	百	十	元	角	分	
合 计																							

会计主管：　　　　记账：　　　　审核：　　　　出纳：　　　　制单：

附件　张

凭证 12-13

记 账 凭 证
年　月　日

摘要	会计科目		借方									贷方									过账 √
	总账科目	明细科目	千	百	十	万	千	百	十	元	角	分	千	百	十	万	千	百	十	元	角	分	
合　计																							

附件　　张

会计主管：　　　记账：　　　审核：　　　出纳：　　　制单：

任务十三　辅助生产费用的归集与分配
——按计划成本分配法

【企业资料】

辅助生产费
用分配方法
——计划
成本分配法

深圳好运来鞋业制造有限责任公司有供电、供水、维修和运输4个辅助生产车间。该企业2021年7月有关辅助生产成本及企业各单位受益情况如下。

要求：请根据原始单据，采用按计划成本分配法，进行劳务数量汇总，再根据劳务数量汇总表编制辅助生产费用分配表，最后编制记账凭证，并调整辅助生产成本差异。（金额保留2位小数）

【原始单据】

凭证13-1　　　　　　　　电费耗用情况表

2021年7月31日

耗用部门	数量（千瓦时）
供电车间	—
供水车间	3 100
维修车间	4 050
运输车间	760
基本生产成本	36 500
管理部门	22 000
销售部门	18 000
合计	84 410

凭证13-2　　　　　　　　水费耗用情况表

2021年7月31日

耗用部门	数量（吨）
供电车间	2 500
供水车间	—
维修车间	3 400
运输车间	2 800
基本生产成本	18 000
管理部门	2 000
销售部门	1 800
合计	30 500

凭证 13-3 维修车间作业情况表

2021 年 7 月 31 日

序号	机器设备编号	维修项目	维修时段 开始日期	维修时段 结束日期	维修时段 合计天数	工时合计	维修耗材 名称	维修耗材 规格或型号	维修耗材 数量	维修耗材 金额	经手人
1	101WA200	基本生产车间机器设备	2	22	20	160	轴承		5	5 000.00	任大伟
2	561002	供水车间机器设备	2	24	22	176	钻刀		2	2 000.00	任大伟
3	VVI200q	供电车间设备维修	12	27	15	120	变压器		1	1 500.00	任大伟
4		管理部门卫生间维修	14	24	10	80	水箱阀门		3	300.00	任大伟
5		运输车间设备维修	18	28	10	80	配件		5	3 000.00	任大伟
6		销售部门办公桌椅维修	12	24	12	96	小零件		20	1 250.00	任大伟
合计					89	712				13 050.00	

凭证 13-4 运输车间作业情况表

2021 年 7 月 31 日

运输货品名称	数量	单位	重量	单位	运输区间	距离	次数	千米	运输员	运输时间
供水设备	1	台	1.5	吨	工厂-高新区	58	2	116	郝大伟	2021 年 7 月 5 日
供电设备	1	台	2.5	吨	工厂-高新区	58	3	174	郝大伟	2021 年 7 月 8 日
修理设备	2	台	2	吨	工厂-高新区	58	2	116	郝大伟	2021 年 7 月 12 日
基本生产车间办公设备	2	台	200	千克	工厂-A厂	86	4	344	郝大伟	2021 年 7 月 15 日
管理部门办公桌椅	8	套	800	千克	工厂-A厂	86	3	258	林丽丹	2021 年 7 月 15 日
销售部门文件柜	6	个	1 200	千克	工厂-A厂	86	2	172	林丽丹	2021 年 7 月 25 日
合计							16	1 180		

凭证 13-5

电子发票

深圳增值税电子专用发票

发票代码：984212409832
发票号码：64738899
开票日期：2021 年 07 月 01 日
校 验 码：43218 34545 56767 32688

机器编号：556433443219

| 购买方 | 名　　　称：深圳好运来鞋业制造有限责任公司
纳税人识别号：123456789231809112
地　址、电话：深圳市龙岗区南岭综合大厦 0755-2776539
开户行及账号：建行深圳南岭支行 11005092664875652420 | 密码区 | 6877789*&^*(&%45*&^)(*6^^#%#@
#$@342vkh%43223216+5456132415?
><$#8$+I51#@$@$+I77@+I1vkh%
4322321@$#+I26392&*(%(38290m& |

货物或应税劳务名称	规格型号	单位	数量	单价	金额	税率	税额
汽油		升	1 086.76	6.80	7 390.00	13%	960.70
合　　计					¥7 390.00		¥960.70

价税合计（大写）　　Ⓧ 捌仟叁佰伍拾元柒角整　　　（小写）　¥8 350.70

| 销售方 | 名　　　称：深圳石化汽油有限公司
纳税人识别号：123456398907654310
地　址、电话：深圳市光明新区 0755-2546539
开户行及账号：建行深圳南岭支行 22105020664875655439 | 备注 | |

收款人：　　　　复核：杨青　　　　开票人：张欢

凭证 13-6　　　　　　　　　**原材料领用汇总表**

2021 年 7 月 31 日　　　　　　　　　　　　　　　　单位：元

材料名称	基本生产车间	供水车间	供电车间	维修车间	运输车间	管理部门	销售部门	合计
五金	1 750.00	1 020.00	1 300.00	1 350.00	3 500.00	1 300.00	990.00	11 210.00
减压阀	2 300.00	880.00	—	2 500.00	—	—	—	5 680.00
保险丝	860.00	300.00	6 680.00	4 600.00	2 100.00	1 900.00	1 890.00	18 330.00
防火板	5 000.00	1 200.00	8 800.00	7 400.00	—	2 000.00	2 100.00	26 500.00
封边条	3 200.00	—	—	2 100.00	—	1 200.00	1 300.00	7 800.00
合计	13 110.00	3 400.00	16 780.00	17 950.00	5 600.00	6 400.00	6 280.00	69 520.00

凭证 13-7　　　　　　　　　　工资汇总表

2021 年 7 月 31 日　　　　　　　　　　　　　　单位:元

车间或部门	基本工资	其他薪酬	扣款	应付工资
基本生产车间	328 000.00	55 800.00	3 200.00	387 000.00
供电车间	95 500.00	23 000.00	2 500.00	121 000.00
供水车间	84 500.00	22 000.00	—	106 500.00
维修车间	85 400.00	21 000.00	2 100.00	108 500.00
运输车间	78 900.00	19 000.00	—	97 900.00
管理部门	254 000.00	49 800.00	1 800.00	305 600.00
销售部门	308 000.00	55 000.00	—	363 000.00
合计	1 234 300.00	245 600.00	9 600.00	1 489 500.00

会计主管:沈晓艺　　　　　　　审核:李明海　　　　　　　制单:贾晓梅

【任务单】

工作步骤 1:请根据原始单据,采用按计划成本分配法,编制辅助生产车间劳务汇总表,并列出金额计算过程。(金额保留 2 位小数)

凭证 13-8　　　　　　　辅助生产车间劳务汇总表

2021 年 7 月 31 日

车间或部门	单位	数量	金额(元)
供电	千瓦时		
供水	吨		
维修	工时		
运输	千米		
合计			

会计主管:沈晓艺　　　　　　　审核:李明海　　　　　　　制单:贾晓梅

工作步骤 2:请根据辅助生产车间劳务汇总表编制辅助生产费用分配表,并列出各辅助车间计划成本和实际成本的计算过程。(金额保留 2 位小数)

凭证 13-9　　　　　**辅助生产费用分配表（按计划成本分配法）**

2021 年 7 月　　　　　　　　　　　　　　　　　　　　　　　单位：元

辅助生产车间名称			供电车间	供水车间	维修车间	运输车间	合计
待分配辅助生产费用							
劳务供应量							
计划单位成本			2.60	3.89	168.00	178.00	
辅助生产车间	供电车间	耗用数量					
		分配金额					
	供水车间	耗用数量					
		分配金额					
	维修车间	耗用数量					
		分配金额					
	运输车间	耗用数量					
		分配金额					
基本生产车间		耗用数量					
		分配金额					
管理部门		耗用数量					
		分配金额					
销售部门		耗用数量					
		分配金额					
按计划成本分配费用合计							
辅助生产车间实际成本							
辅助生产车间成本差异							

工作步骤 3：请根据辅助生产费用分配表填制记账凭证。（金额保留 2 位小数）

凭证 13-10　　　　　　　　　　　记　账　凭　证

年　月　日

摘要	会计科目		借方									贷方									过账 √
	总账科目	明细科目	千	百	十	万	千	百	十	元	角	分	千	百	十	万	千	百	十	元	角	分	
合　计																							

附件　　张

会计主管：　　　　　记账：　　　　　审核：　　　　　出纳：　　　　　制单：

凭证 13-11

记 账 凭 证

年 月 日

摘要	会计科目		借方									贷方									过账 √
	总账科目	明细科目	千	百	十	万	千	百	十	元	角	分	千	百	十	万	千	百	十	元	角	分	
合 计																						

会计主管：　　　　记账：　　　　审核：　　　　出纳：　　　　制单：

附件　张

凭证 13-12

记 账 凭 证

年 月 日

摘要	会计科目		借方									贷方									过账 √
	总账科目	明细科目	千	百	十	万	千	百	十	元	角	分	千	百	十	万	千	百	十	元	角	分	
合 计																						

会计主管：　　　　记账：　　　　审核：　　　　出纳：　　　　制单：

附件　张

工作步骤 4：请根据辅助生产费用分配表调整辅助生产成本差异，并填制记账凭证。（金额保留 2 位小数）

凭证 13-13

记 账 凭 证

年 月 日

摘要	会计科目		借方									贷方									过账 √
	总账科目	明细科目	千	百	十	万	千	百	十	元	角	分	千	百	十	万	千	百	十	元	角	分	
合 计																						

会计主管：　　　　记账：　　　　审核：　　　　出纳：　　　　制单：

附件　张

任务十四　制造费用的归集与分配
——生产工人工时比例分配法

【企业资料】

2021年9月30日,幸福时光食品制造有限责任公司基本生产车间本月生产奶酪棒、牛奶片和马卡龙饼干三种产品,共发生制造费用72 310.00元,生产工时分别为奶酪棒2 500小时、牛奶片2 300小时和马卡龙饼干2 450小时。

要求:请根据原始单据,采用生产工人工时比例分配法填制"制造费用分配表",并编制记账凭证。(分配率保留4位小数,金额保留2位小数,尾差倒挤入最后一种产品)

【原始单据】

凭证14-1　　　　　　　　　　　生产工时明细表

2021年9月　　　　　　　　　　　　　　　　　　　　　　　单位:小时

产品名称	生产工时
奶酪棒	2 500
牛奶片	2 300
马卡龙饼干	2 450
合计	7 250

凭证14-2　　　　　　　　　　　制造费用明细账

车间:基本生产车间　　　　　　　　　　　　　　　　　　　　　单位:元

2021年		摘要	材料费用	人工费用	外购动力费用	折旧费	水电费	租赁费	保险费	业务招待费	差旅费	办公费	其他	发生额合计		余额
月	日													借方	贷方	
9	30	分配材料费用	7 230											7 230		7 230
9	30	分配人工费用		10 100										10 100		17 330
9	30	分配外购动力费用			5 890									5 890		23 220
9	30	计提折旧				7 230								7 230		30 450
9	30	分配水电费					14 600							14 600		45 050
9	30	计提租赁费						6 600						6 600		51 650
9	30	计提社会保险等							10 500					10 500		62 150

(续表)

2021年		摘要	材料费用	人工费用	外购动力费用	折旧费	水电费	租赁费	保险费	业务招待费	差旅费	办公费	其他	发生额合计		余额
月	日													借方	贷方	
9	30	业务招待费								4 680				4 680		66 830
9	30	差旅费									4 600			4 600		71 430
9	30	分配办公费										880		880		72 310
9	30	分配转出													72 310	0
9	30	本月合计	7 230	10 100	5 890	7 230	14 600	6 600	10 500	4 680	4 600	880	0	72 310	72 310	0

【任务单】

工作步骤1:请根据原始单据,采用生产工人工时比例分配法填制"制造费用分配表",并列出分配率的计算过程。(分配率保留4位小数,金额保留2位小数,尾差倒挤入最后一种产品)

制造费用的
归集与分配

凭证14-3 制造费用分配表(工人工时比例分配法)

车间:基本生产车间　　　　　　　2021年9月30日　　　　　　　　单位:元

应借账户			分配标准	分配率(元/小时)	分配金额(元)
总账账户			明细账户		
生产成本	基本生产成本	奶酪棒			
	基本生产成本	牛奶片			
	基本生产成本	马卡龙饼干			
	合 计				

工作步骤2:请根据制造费用分配表(工人工时比例分配法)填制记账凭证。(金额保留2位小数)

凭证14-4 记 账 凭 证

年　月　日

摘要	会计科目		借方									贷方									过账√
	总账科目	明细科目	千	百	十	万	千	百	十	元	角	分	千	百	十	万	千	百	十	元	角	分	
合 计																							

附件　　张

会计主管:　　　　　　记账:　　　　　　审核:　　　　　　出纳:　　　　　　制单:

凭证 14-5

记 账 凭 证

年 月 日

摘要	会计科目		借方									贷方									过账 √
	总账科目	明细科目	千	百	十	万	千	百	十	元	角	分	千	百	十	万	千	百	十	元	角	分	
合　　计																							

附件　　张

会计主管：　　　　记账：　　　　审核：　　　　出纳：　　　　制单：

凭证 14-6

记 账 凭 证

年 月 日

摘要	会计科目		借方									贷方									过账 √
	总账科目	明细科目	千	百	十	万	千	百	十	元	角	分	千	百	十	万	千	百	十	元	角	分	
合　　计																							

附件　　张

会计主管：　　　　记账：　　　　审核：　　　　出纳：　　　　制单：

任务十五 生产费用在完工产品与在产品之间分配
——不计算在产品成本法

【企业资料】

爱生活小家电制造有限公司2021年6月生产电煮锅一批,运用不计算在产品成本法核算电煮锅产品成本。本月企业生产完工产品280件,月末在产品数量很小,可忽略不计。

要求:根据原始单据编制产品成本计算表,然后填制完工产品成本的记账凭证。(费用分配率保留四位小数)

生产费用在完工产品与在产品之间分配

【原始单据】

凭证15-1　　　　　　　　　　　材料费用分配表

2021年6月30日

单位或者部门	成本或费用项目	直接计入金额(元)	分配计入(元)			材料费用合计(元)
			定额耗用量	费用分配率	分配金额	
基本生产车间	电煮锅	272 000.00				272 000.00
	小计	272 000.00				272 000.00
辅助生产车间	供水车间 一般消耗	16 800.00				16 800.00
	供水车间 修理耗用	25 500.00				25 500.00
	小计	42 300.00				42 300.00
辅助生产车间	供电车间 一般消耗	16 500.00				16 500.00
	供电车间 修理耗用	27 000.00				27 000.00
	小计	43 500.00				43 500.00
基本生产车间	一般消耗	92 000.00				92 000.00
	修理耗用	28 000.00				28 000.00
	小计	120 000.00				120 000.00
管理部门	修理耗用	14 500.00				14 500.00
	小计	14 500.00				14 500.00
销售部门	修理耗用	12 000.00				12 000.00
	小计	12 000.00				12 000.00
	合计	504 300.00				504 300.00

会计主管:林丽琪　　　　　　审核:赵大海　　　　　　制单:薛一方

凭证 15-2 工资结算汇总表

2021 年 6 月 30 日　　　　　　　　　　　　　　　　　　　单位:元

项目	应借成本或费用项目	基本工资	津贴	应付职工工资
生产工人工资	基本生产成本	31 000	20 000	51 000
车间管理人员	制造费用	12 000	8 000	20 000
管理部门	管理费用	10 000	5 000	15 000
销售部门	销售费用	20 000	3 000	23 000
合计		73 000	36 000	109 000

财务主管:李萍　　　　　　　审核:张岚　　　　　　　制单:王翔

凭证 15-3 产品生产费用明细表

2021 年 6 月　　　　　　　　　　　　　　　　　　　　　单位:元

项目	直接材料	直接人工	制造费用	合计
本月生产费用	272 000	51 000	120 000	443 000

会计主管:徐建生　　　　　　仓库主管:刘芳华　　　　　　制单:肖远方

凭证 15-4 入 库 单

2021 年 6 月 30 日

交来单位或部门	基本生产车间		发票号码		20210630		验收仓库		成品仓
编号	名称	规格	单位	数量		计划价格		实际价格	价格差异
				应收	实收	单价	金额	单价	金额	
001	电煮锅		件	280	280					
		合计		280	280					

部门经理:肖淑科　　　会计主管:徐建生　　　仓库主管:刘芳华　　　制单:肖远方

【任务单】

工作步骤1:根据以上原始单据计算完工产品成本。

凭证 15-5　　　　　　　　　　　**产品成本计算单**

产品名称:　　　　　　　　　　　　　　年　月　日　　　　　　　　　　　　单位:元

项目	月初在产品成本	本月发生费用	生产费用合计	期末在产品产量	完工产品产量	分配率	完工产品总成本	期末在产品成本
直接材料								
直接人工								
制造费用								
合计								

审核:　　　　　　　　　　　　　　　　　　　　　　　　　　　　　制单:

工作步骤2:根据原始单据及产品成本计算单填制记账凭证。

凭证 15-6　　　　　　　　　　　**记 账 凭 证**

　　　　　　　　　　　　　　　　　　年　月　日

摘要	会计科目		借方									贷方									过账√
	总账科目	明细科目	千	百	十	万	千	百	十	元	角	分	千	百	十	万	千	百	十	元	角	分	
合 计																								

附件　张

会计主管:　　　　记账:　　　　审核:　　　　出纳:　　　　制单:

任务十六 生产费用在完工产品与在产品之间分配
——分配固定成本计价法

【企业资料】

悠悠好梦床上用品有限责任公司2021年2月生产床罩一批,运用固定成本计价法核算床罩产品成本。已知,悠悠好梦床上用品有限责任公司2021年2月初床罩生产成本中直接材料为28 400.00元、直接人工为66 000.00元、制造费用为97 000.00元。本月企业生产完工产品550箱,月末在产品50箱。

要求:根据原始单据编制产品成本计算表,然后填制完工产品成本的记账凭证。

【原始单据】

凭证16-1

材料费用分配表

2021年2月28日

单位或者部门	成本或费用项目		直接计入金额(元)	分配计入(元)			材料费用合计(元)
				定额耗用量	费用分配率	分配金额	
基本生产车间	床罩	直接材料	166 500.00				166 500.00
	小计		166 500.00				166 500.00
辅助生产车间	供水车间	一般消耗	22 200.00				22 200.00
		修理耗用	30 500.00				30 500.00
	小计		52 700.00				52 700.00
辅助生产车间	供电车间	一般消耗	25 500.00				25 500.00
		修理耗用	30 500.00				30 500.00
	小计		56 000.00				56 000.00
基本生产车间	一般消耗		77 000.00				77 000.00
	修理耗用		20 100.00				20 100.00
	小计		97 100.00				97 100.00
管理部门	修理耗用		18 000.00				18 000.00
	小计		18 000.00				18 000.00
销售部门	修理耗用		15 500.00				15 500.00
	小计		15 500.00				15 500.00
合计			405 800.00				405 800.00

会计主管:齐娇娇　　　　　　　　审核:刘正祥　　　　　　　　制单:乔珊灿

凭证 16-2　　　　　　　　工资结算汇总表

2021 年 6 月 30 日　　　　　　　　　　　　　　　　单位:元

项目	应借成本或费用项目	基本工资	津贴	应付职工工资
生产工人工资	基本生产成本	45 600.00	18 700.00	64 300.00
车间管理人员	制造费用	22 500.00	8 200.00	30 700.00
管理部门	管理费用	13 500.00	6 500.00	20 000.00
销售部门	销售费用	36 500.00	4 000.00	40 500.00
合计		118 100.00	37 400.00	155 500.00

会计主管:齐娇娇　　　　　　　审核:刘正祥　　　　　　　制单:乔珊灿

凭证 16-3　　　　　　　　产品生产费用明细表

2021 年 6 月

项目	直接材料	直接人工	制造费用	合计
月初在产品	28 400.00	66 600.00	97 000.00	192 000.00
本月生产费用	166 500.00	64 300.00	97 100.00	327 900.00
合计	194 900.00	130 900.00	194 100.00	519 900.00

会计主管:徐建生　　　　　　　仓库主管:刘芳华　　　　　　　制单:肖远方

凭证 16-4　　　　　　　　入　库　单

2021 年 2 月 28 日

交来单位或部门	基本生产车间			发票号码	20210630		验收仓库	成品仓	
编号	名称	规格	单位	数量		计划成本		实际成本	价格差异
				应收	实收	单价	金额	单价	金额	
001	床罩		批	550	550					
	合计			280	280					

部门经理:肖淑科　　　会计主管:徐建生　　　仓库主管:刘芳华　　　制单:肖远方

【任务单】

工作步骤1:根据以上原始单据计算完工产品成本。

凭证 16-5　　　　　　　　　　　　产品成本计算单

产品名称　　　　　　　　　　　　　年　月　日　　　　　　　　　　　　单位:元

项目	月初在产品成本	本月发生费用	生产费用合计	期末在产品产量	完工产品产量	完工产品总成本	期末在产品成本
直接材料							
直接人工							
制造费用							
合计							

会计主管:　　　　　　　　　　仓库主管:　　　　　　　　　　制单:

工作步骤2:根据原始单据及产品成本计算单填制记账凭证。

凭证 16-6　　　　　　　　　　　　记　账　凭　证

　　　　　　　　　　　　　　　　　　年　月　日

摘要	会计科目		借方									贷方									过账√
	总账科目	明细科目	千	百	十	万	千	百	十	元	角	分	千	百	十	万	千	百	十	元	角	分	
合　　计																								

附件　张

会计主管:　　　　记账:　　　　审核:　　　　出纳:　　　　制单:

任务十七　生产费用在完工产品与在产品之间分配
——消耗原材料计价法

【企业资料】

好宝宝童车有限责任公司2021年12月生产童车一批,运用消耗原材料计价法核算童车产品成本,月末在产品只计算原材料费用。该产品月初在产品成本为96 500.00元。已知本月童车生产成本中直接材料为524 000.00元、直接人工为225 000.00元、制造费用为308 000.00元。原材料在生产开始时一次性投入,本月生产完工产品3 100辆,月末在产品400辆。

要求:根据原始单据编制产品成本计算表,然后填制完工产品成本的记账凭证。(单位成本保留四位小数,完工产品成本保留两位小数,期末在产品成本倒挤)

【原始单据】

凭证 17-1　　　　　　　　　　　　材料费用分配表
2021年12月31日

单位或者部门	成本或费用项目		直接计入金额(元)	分配计入(元)			材料费用合计(元)
				定额耗用量	费用分配率	分配金额	
基本生产车间	童车	直接材料	524 000.00				524 000.00
	小计		524 000.00				524 000.00
辅助生产车间	供水车间	一般消耗	21 200.00				21 200.00
		修理耗用	25 500.00				25 500.00
	小计		46 700.00				46 700.00
辅助生产车间	供电车间	一般消耗	25 500.00				25 500.00
		修理耗用	30 500.00				30 500.00
	小计		56 000.00				56 000.00
基本生产车间	一般消耗		257 000.00				257 000.00
	修理耗用		51 000.00				51 000.00
	小计		308 000.00				308 000.00
管理部门	修理耗用		36 000.00				36 000.00
	小计		36 000.00				36 000.00
销售部门	修理耗用		55 500.00				55 500.00
	小计		55 500.00				55 500.00
合计			1 026 200.00				1 026 200.00

会计主管　郑攀贤　　　　　　　审核　王柳媛　　　　　　　制单　魏淑华

凭证 17-2　　　　　　　　　　　　　**工资结算汇总表**

2021 年 12 月 31 日　　　　　　　　　　　　　　　　　　　　　　　　单位:元

项目	应借成本或费用项目	基本工资	津贴	应付职工工资
生产工人工资	基本生产成本	120 000.00	105 000.00	225 000.00
车间管理人员	制造费用	87 000.00	55 700.00	142 700.00
管理部门	管理费用	94 800.00	88 600.00	183 400.00
销售部门	销售费用	118 600.00	98 500.00	217 100.00
合计		420 400.00	347 800.00	768 200.00

会计主管:郑攀贤　　　　　　　　　审核:王柳媛　　　　　　　　　制单:魏淑华

凭证 17-3　　　　　　　　　　　　**产品生产费用明细表**

2021 年 12 月

项目	直接材料	直接人工	制造费用	合计
月初在产品	96 500.00	—	—	96 500.00
本月生产费用	524 000.00	225 000.00	308 000.00	1 057 000.00
合计	620 500.00	225 000.00	308 000.00	1 153 500.00

会计主管:郑攀贤　　　　　　　　　审核:王柳媛　　　　　　　　　制单:魏淑华

凭证 17-4　　　　　　　　　　　　　　**入 库 单**

2021 年 12 月 31 日

交来单位或部门	基本生产车间		发票号码		20210630		验收仓库		成品仓
编号	名称	规格	单位	数量		计划成本		实际成本	价格差异
				应收	实收	单价	金额	单价	金额	
001	童车		批	3 100	3 100					
合计				280	280					

部门经理:刘安心　　　　会计主管:郑攀贤　　　　仓库主管:陈晓芳　　　　制单:魏淑华

【任务单】

工作步骤 1：根据以上原始单据计算完工产品成本。

凭证 17-5   **产品成本计算单**

产品名称：   年 月 日   单位：元

项目	月初在产品成本	本月发生费用	生产费用合计	期末在产品产量	完工产品产量	单位成本	完工产品总成本	期末在产品成本
直接材料								
直接人工								
制造费用								
合计								

会计主管：   审核：   制单：

工作步骤 2：根据原始单据及产品成本计算单填制记账凭证。

凭证 17-6   **记 账 凭 证**

                                    年 月 日

摘要	会计科目		借方									贷方									过账√
	总账科目	明细科目	千	百	十	万	千	百	十	元	角	分	千	百	十	万	千	百	十	元	角	分	
合 计																								

附件 张

会计主管：   记账：   审核：   出纳：   制单：

任务十八　生产费用在完工产品与在产品之间分配之约当产量法——原材料在生产开始时一次性投入

【企业资料】

黄河啤酒制造有限公司 2021 年 6 月生产啤酒一批,运用约当产量法核算啤酒月末在产品和完工产品成本。已知黄河啤酒制造有限公司 2021 年 6 月初啤酒生产成本中直接材料为 153 000.00 元、直接人工为 98 000.00 元、制造费用为 110 500.00 元。每道工序的完工程度均为 50%。

要求:根据原始单据分别计算分配直接人工和制造费用时第一、二生产步骤在产品的约当产量,编制产品成本计算表,并填制结转完工产品的记账凭证。(费用分配率保留四位小数)

【原始单据】

凭证 18-1　　　　　　　　　　产品工时定额情况表

2021 年 6 月 30 日

项目名称	第一生产步骤			小计	第二生产步骤			小计
	第一道工序	第二道工序	第三道工序		第一道工序	第二道工序	第三道工序	
单位工时定额	2	2	1	5	1	3	1	5
备注	第一生产步骤第一道工序生产开始时一次性投料							

会计主管:徐建生　　　　　　　仓库主管:刘芳华　　　　　　　制单:肖远方

凭证 18-2　　　　　　　　　　产品产量统计表

2021 年 6 月 30 日

项目名称	第一生产步骤			第二生产步骤			合计
	第一道工序	第二道工序	第三道工序	第一道工序	第二道工序	第三道工序	
完工产品							6 500
各步骤在产品	700	550	850	650	700	550	4 000

会计主管:徐建生　　　　　　　仓库主管:刘芳华　　　　　　　制单:肖远方

凭证 18-3　　　　　　　　　　　　**工资结算汇总表**

2021 年 6 月 30 日　　　　　　　　　　　　　　　　　　　单位:元

项目	应借成本或费用项目	基本工资	津贴	应付职工工资
生产工人工资	基本生产成本	30 000.00	15 000.00	45 000.00
车间管理人员	制造费用	12 000.00	8 000.00	20 000.00
管理部门	管理费用	10 000.00	5 000.00	15 000.00
销售部门	销售费用	20 000.00	30 00.00	23 000.00
合计		72 000.00	31 000.00	103 000.00

财务主管:李萍　　　　　　　审核:张岚　　　　　　　制单:王翔

凭证 18-4　　　　　　　　　　　　**材料费用分配表**

2021 年 6 月 30 日

单位或者部门		成本或费用项目	直接计入金额(元)	分配计入(元)			材料费用合计(元)
				定额耗用量	费用分配率	分配金额	
基本生产车间	啤酒	直接材料	244 000.00				244 000.00
		小计	244 000.00				244 000.00
辅助生产车间	供水车间	一般消耗	16 800.00				16 800.00
		修理耗用	25 500.00				25 500.00
		小计	42 300.00				42 300.00
辅助生产车间	供电车间	一般消耗	16 500.00				16 500.00
		修理耗用	27 000.00				27 000.00
		小计	43 500.00				43 500.00
基本生产车间		一般消耗	110 000.00				110 000.00
		修理耗用	28 000.00				28 000.00
		小计	138 000.00				138 000.00
管理部门		修理耗用	14 500.00				14 500.00
		小计	14 500.00				14 500.00
销售部门		修理耗用	12 000.00				12 000.00
		小计	12 000.00				12 000.00
合计			494 300.00				494 300.00

会计主管:林丽琪　　　　　　　审核:赵大海　　　　　　　制单:薛一方

凭证 18-5　　　　　　　　　　产品生产费用明细表

2021 年 6 月

项目	直接材料	直接人工	制造费用	合计
月初在产品	153 000.00	98 000.00	110 500.00	361 500.00
本月生产费用	244 000.00	45 000.00	138 000.00	427 000.00
合计	397 000.00	143 000.00	248 500.00	788 500.00

会计主管：徐建生　　　　　　　　仓库主管：刘芳华　　　　　　　　制单：肖远方

【任务单】

约当产量法——完工程度的计算

约当产量法——投料程度的计算

工作步骤 1：根据原始单据计算并填写在产品约当产量计算表 1。

凭证 18-6　　　　　　　　　约当产量计算表 1

生产步骤：第一生产步骤

生产工序	产品工时定额	完工程度	在产品数量	在产品约当产量
第一道工序				
第二道工序				
第三道工序				
合计				

会计主管：　　　　　　　　　　审核：　　　　　　　　　　制单：

工作步骤 2：根据原始单据计算并填写在产品约当产量计算表 2。

凭证 18-7　　　　　　　　　约当产量计算表 2

生产步骤：第二生产步骤

生产工序	产品工时定额（小时）	在产品完工率	在产品数量（件）	在产品约当产量
第一道工序				
第二道工序				
第三道工序				
合计				

会计主管：　　　　　　　　　　审核：　　　　　　　　　　制单：

工作步骤 3:根据第一、第二生产步骤中约当产量计算表及原始单据,结合本任务的已知条件编制产品成本计算单。

凭证 18-8　　　　　　　　　　**产品成本计算单**

产品名称:　　　　　　　　　　2021 年 6 月 30 日　　　　　　　　　　单位:元

项目	月初在产品成本	本月发生费用	生产费用合计	期末在产品产量	完工产品产量	分配率	完工产品总成本	期末在产品成本
直接材料								
直接人工								
制造费用								
合计								

审核:　　　　　　　　　　　　　　　　　　　　　　　　　　　　制单:

工作步骤 4:根据原始单据填制记账凭证。

凭证 18-9　　　　　　　　　　**记　账　凭　证**

　　　　　　　　　　　　　　　　　　年　月　日

摘要	会计科目		借方									贷方									过账√
	总账科目	明细科目	千	百	十	万	千	百	十	元	角	分	千	百	十	万	千	百	十	元	角	分	
合　计																							

附件　张

会计主管:　　　　　记账:　　　　　审核:　　　　　出纳:　　　　　制单:

任务十九　生产费用在完工产品与在产品之间分配之约当产量法——原材料在生产过程中分次投入

【企业资料】

2021年6月,黄河啤酒制造有限公司生产啤酒一批,产品生产过程中有三道生产工序,原材料在每道工序开始生产时投入,在产品加工程度均为50%,运用约当产量法核算啤酒月末在产品和完工产品成本。已知黄河啤酒制造有限公司2021年6月初啤酒生产成本中直接材料为153 000.00元、直接人工为98 000.00元、制造费用为110 500.00元。本月直接材料为373 000.00元、直接人工为110 000.00元、制造费用为223 000.00元。每道工序的完工程度均为50%。

要求:根据原始单据按原材料在生产过程中的投料程度填制约当产量计算表,编制产品成本计算表,并填制结转完工产品的记账凭证。(费用分配率保留四位小数,投料程度保留整数)

【原始单据】

凭证19-1　　　　　　　　　　产品工时定额情况表

2021年6月30日

项目名称	生产步骤			小计
	第一道工序	第二道工序	第三道工序	
单位工时定额	4	8	8	20
单位材料定额	280.00	290.00	430.00	1 000.00
备注	原材料在每道工序开始生产时投入			

会计主管:徐建生　　　　　　　仓库主管:刘芳华　　　　　　　制单:肖远方

凭证19-2　　　　　　　　　　产品产量统计表

2021年6月30日

项目名称	生产步骤			小计
	第一道工序	第二道工序	第三道工序	
库存数量	1 350	450	550	2 350
上道工序转入	3 500	3 300	2 800	9 600
转入下道工序	3 200	3 000	2 900	9 100
期末在产品	1 650	750	450	2 850

审核:陈大力　　　　　　　　　　　　　　　　　　　　　　　制单:肖远方

【任务单】

工作步骤1:根据原始单据计算并填写在产品约当产量计算表1。

约当产量法应用

凭证 19-3　　　　　　　　　　**约当产量计算表 1**

年　月　日

工序	在产品数量	材料定额(工时)	投料程度(%)	在产品约当产量
1				
2				
3				
合计				

审核:　　　　　　　　　　　　　　　　　　　　　　　　　制单:

工作步骤2:根据原始单据计算并填写在产品约当产量计算表2。

凭证 19-4　　　　　　　　　　**约当产量计算表 2**

年　月　日

工序	在产品数量	单位定额工时	完工程度(%)	在产品约当产量
1				
2				
3				
合计				

审核:　　　　　　　　　　　　　　　　　　　　　　　　　制单:

工作步骤3:根据约当产量计算表1、2及原始单据,结合本任务的已知条件编制产品成本计算单。

凭证 19-5　　　　　　　　　　**产品成本计算单**

产品名称:啤酒　　　　　　　　　　2021年6月30日

项目	成本项目			
	直接材料	直接人工	制造费用	合计
月初生产费用				
本月发生生产费用				
合　计				
月末在产品约当产量				
完工产品产量				
约当总产量				
费用分配率				
完工产品成本				
月末在产品成本				

审核:　　　　　　　　　　　　　　　　　　　　　　　　　制单:

工作步骤 4：根据原始单据填制记账凭证。

凭证 19-6

记 账 凭 证

年　月　日

摘要	会计科目		借方									贷方									过账√
	总账科目	明细科目	千	百	十	万	千	百	十	元	角	分	千	百	十	万	千	百	十	元	角	分	
合　　　计																								

附件　　张

会计主管：　　　　记账：　　　　审核：　　　　出纳：　　　　制单：

任务二十 生产费用在完工产品与在产品之间分配
——定额成本计价法

定额法成本核算程序

定额成本法

【企业资料】

2021年5月,东方之星计算器制造有限责任公司生产计算器一批,运用定额成本计价法核算计算器产品成本。已知2021年1月初计算器生产成本中直接材料为75 600.00元、直接人工为66 500.00元、制造费用为40 800.00元。本月直接材料为107 000.00元、直接人工为88 600.00元、制造费用为56 300.00元。原材料在生产开始时一次性投入,本月生产完工产品230箱,月末在产品130箱。

要求:根据原始单据编制在产品定额材料成本计算表并根据月末在产品定额成本计算表编制产品成本计算单,最后根据原始单据及所有编制表单填制完工产品成本的记账凭证。(分配率保留四位小数)

【原始单据】

凭证 20-1　　　　　　　　　　**材料费用分配表**

2021 年 5 月 31 日

单位或者部门		成本或费用项目	直接计入金额(元)	分配计入(元)			材料费用合计(元)
				定额耗用量	费用分配率	分配金额	
基本生产车间		计算器	直接材料	107 000.00				107 000.00
		小计	107 000.00				107 000.00
辅助生产车间	供水车间	一般消耗	17 800.00				17 800.00
		修理耗用	17 800.00				17 800.00
	小计		35 600.00				35 600.00
辅助生产车间	供电车间	一般消耗	20 060.00				20 060.00
		修理耗用	9 700.00				9 700.00
	小计		29 760.00				29 760.00
基本生产车间		一般消耗	22 000.00				22 000.00
		修理耗用	34 300.00				34 300.00
		小计	56 300.00				56 300.00
管理部门		修理耗用	11 540.00				11 540.00
		小计	11 540.00				11 540.00
销售部门		修理耗用	9 980.00				9 980.00
		小计	9 980.00				9 980.00
合计			250 180.00				250 180.00

会计主管:方一凡　　　　　　审核:陈巧慧　　　　　　制单:石晶晶

凭证 20-2　　　　　　　　　　　　**工资结算汇总表**

2021 年 5 月 31 日　　　　　　　　　　　　　　　　　　　　单位:元

项目	应借成本或费用项目	基本工资	津贴	应付职工工资
生产工人工资	基本生产成本	53 400.00	35 200.00	88 600.00
车间管理人员	制造费用	10 800.00	4 200.00	15 000.00
管理部门	管理费用	19 800.00	7 800.00	27 600.00
销售部门	销售费用	26 400.00	9 500.00	35 900.00
合计		110 400.00	56 700.00	167 100.00

会计主管:方一凡　　　　　　审核:陈巧慧　　　　　　制单:石晶晶

凭证 20-3　　　　　　　　　　　　**产品生产费用明细表**

2021 年 1 月 31 日

项目	直接材料	直接人工	制造费用	合计
月初在产品	75 600.00	66 500.00	40 800.00	182 900.00
本月生产费用	107 000.00	88 600.00	56 300.00	251 900.00
合计	182 600.00	155 100.00	97 100.00	434 800.00

会计主管:方一凡　　　　　　审核:陈巧慧　　　　　　制单:石晶晶

凭证 20-4　　　　　　　　　　　　**入 库 单**

2021 年 5 月 31 日

交来单位或部门	基本生产车间			发票号码		20210630		验收仓库	成品仓
编号	名称	规格	单位	数量		计划成本		实际成本	价格差异
				应收	实收	单价	金额	单价	金额
001	计算器		件	230	230				
	合计			230	230				

部门经理:窦明洋　　　会计主管:方一凡　　　仓库主管:陈巧慧　　　制单:石晶晶

凭证 20-5　　　　　　　　　　**产品定额情况表**

2021 年 1 月 31 日

项目名称	在产品单位消耗定额	材料单价	在产品单位工时定额	单位人工费用率	在产品单位其他费用定额
计算器	10	25.00	4	20.00	8.00

审核：陈巧慧　　　　　　　　　　　　　　　　　　　　　　制单：石晶晶

【任务单】

工作步骤 1：根据以上原始单据编制月末在产品定额成本计算表。

凭证 20-6　　　　　　　**月末在产品定额成本计算表**

2021 年 1 月 31 日　　　　　　　　　　　　单位：元

项目	在产品数量（件）	定额材料成本	定额人工成本	定额制造费用	合计
定额费用					
合计					

工作步骤 2：根据月末在产品定额成本计算表计算完工产品成本。

凭证 20-7　　　　　　　　　**产品成本计算单**

产品名称：　　　　　　　　　　年　月　日　　　　　　　　单位：元

项目	月初在产品成本	本月发生费用	生产费用合计	期末在产品产量	完工产品产量	完工产品总成本	期末在产品成本
直接材料							
直接人工							
制造费用							
合计							

会计主管　　　　　　　　　　审核　　　　　　　　　　制单

工作步骤 3：根据原始单据及产品成本计算单填制记账凭证。

凭证 20-8　　　　　　　　　　**记　账　凭　证**

年　月　日

摘要	会计科目		借方	贷方	过账 √
	总账科目	明细科目	千百十万千百十元角分	千百十万千百十元角分	
合　计					

附件　张

会计主管：　　　　记账：　　　　审核：　　　　出纳：　　　　制单：

任务二十一　生产费用在完工产品与在产品之间分配
——定额比例法

定额比例法

【企业资料】

2021年10月，飞仕达按摩椅制造有限责任公司生产按摩椅一批，运用定额比例法核算按摩椅产品成本。已知2021年10月初按摩椅生产成本中直接材料为153 000.00元、直接人工为115 000.00元、制造费用为138 500.00元。本月直接材料为317 000.00元、直接人工为206 000.00元、制造费用为193 000.00元。采用定额比例法中完工产品和期末在产品的定额材料费用和定额工时为标准来计算费用分配率，即完工产品定额材料费用为320 000.00元，定额工时为200 000小时；期末在产品定额材料费用为101 000.00元，定额工时为70 000小时。本月生产完工产品245台，月末在产品85台。

要求：根据原始单据编制产品成本计算单，并根据产品成本计算单填制完工产品成本的记账凭证。（分配率保留四位小数，产品成本保留两位小数）

【原始单据】

凭证21-1　　　　　　　　　　　**材料费用分配表**

2021年10月31日

单位或者部门	成本或费用项目	直接计入金额(元)	分配计入(元)			材料费用合计(元)
			定额耗用量	费用分配率	分配金额	
基本生产车间	按摩椅 直接材料	317 000.00				317 000.00
	小计	317 000.00				317 000.00
辅助生产车间	供水车间 一般消耗	98 700.00				98 700.00
	修理耗用	35 200.00				35 200.00
	小计	133 900.00				133 900.00
辅助生产车间	供电车间 一般消耗	75 500.00				75 500.00
	修理耗用	10 500.00				10 500.00
	小计	86 000.00				86 000.00
基本生产车间	一般消耗	112 000.00				112 000.00
	修理耗用	81 000.00				81 000.00
	小计	193 000.00				193 000.00
管理部门	修理耗用	25 300.00				25 300.00
	小计	25 300.00				25 300.00
销售部门	修理耗用	18 600.00				18 600.00
	小计	18 600.00				18 600.00
合计		773 800.00				773 800.00

会计主管：陶冉琴　　　　　　　　审核：林鑫涛　　　　　　　　制单：褚晓天

凭证 21-2　　　　　　　　　　　**工资结算汇总表**

2021 年 10 月 31 日　　　　　　　　　　　　　　　　　　　　　单位:元

项目	应借成本或费用项目	基本工资	津贴	应付职工工资
生产工人工资	基本生产成本	185 000.00	21 000.00	206 000.00
车间管理人员	制造费用	66 000.00	4 000.00	70 000.00
管理部门	管理费用	68 700.00	4 700.00	73 400.00
销售部门	销售费用	99 000.00	11 000.00	110 000.00
合计		418 700.00	40 700.00	459 400.00

会计主管:陶冉琴　　　　　　　审核:林鑫涛　　　　　　　制单:褚晓天

凭证 21-3　　　　　　　　　　　**产品生产费用明细表**

2021 年 10 月 31 日

项目	直接材料	直接人工	制造费用	合计
期初在产品	153 000.00	115 000.00	138 500.00	406 500.00
本月生产费用	317 000.00	206 000.00	193 000.00	716 000.00
合计	470 000.00	321 000.00	331 500.00	1 122 500.00

会计主管:陶冉琴　　　　　　　审核:林鑫涛　　　　　　　制单:褚晓天

凭证 21-4　　　　　　　　　　　**入 库 单**

2021 年 6 月 30 日

交来单位或部门	基本生产车间		发票号码		20210630		验收仓库		成品仓	
编号	名称	规格	单位	数量		计划成本		实际成本		价格差异
				应收	实收	单价	金额	单价	金额	
001	按摩椅		台	245	245					
		合计		245	245					

部门经理:钱世坤　　　会计主管:陶冉琴　　　仓库主管:林鑫涛　　　制单:褚晓天

凭证 21-5

产品定额情况表

2021 年 10 月 31 日

项目名称	完工产品		在产品	
按摩椅	定额材料费用	定额工时	定额材料费用	定额工时
合计	320 000.00	200 000	101 000.00	70 000

审核：林鑫涛　　　　　　　　　　　　　　　　　　　　　　　　　　制单：褚晓天

【任务单】

工作步骤 1：根据原始单据计算完工产品成本。

凭证 21-6

产品成本计算单

年　月　日

项目	成本项目			
	直接材料	直接人工	制造费用	合计
期初在产品成本				
本月生产费用				
生产费用合计				
定额材料费用　完工产品				
定时工时　　　期末在产品				
合计				
费用分配率				
完工产品成本				
月末在产品成本				

会计主管：　　　　　　　　　审核：　　　　　　　　　制单：

工作步骤 2：根据原始单据及产品成本计算单填制记账凭证。

凭证 21-7

记　账　凭　证

年　月　日

摘要	会计科目		借方									贷方									过账 √
	总账科目	明细科目	千	百	十	万	千	百	十	元	角	分	千	百	十	万	千	百	十	元	角	分	
合计																							

附件　　张

会计主管：　　　　　记账：　　　　　审核：　　　　　出纳：　　　　　制单：

项目二　全真业务实训

任务二十二　品　种　法

【企业资料】

盛泰集团是一家集服装设计、销售、服务为一体的专业性服装企业。

【原始单据】

盛泰集团下属的爵知公司 2021 年 8 月生产甲、乙、丙三种产品,本月有关成本计算资料如下。

1. 月初在产品成本

甲、乙、丙三种产品的月初在产品成本如下,见凭证 22-1。

生产的分类及成本计算方法

品种法的工作原理

凭证 22-1　　　　　甲、乙产品月初在产品成本资料表

2021 年 8 月　　　　　　　　　　　单位:元

摘要	直接材料	直接人工	制造费用	合计
甲产品月初在产品成本	164 000	32 470	3 675	200 145
乙产品月初在产品成本	123 740	16 400	3 350	143 490
丙产品月初在产品成本	145 000	25 800	4 200	17 5000

2. 本月生产数量

甲产品本月完工 500 件,月末在产品 100 件,实际生产工时 100 000 小时。

乙产品本月完工 200 件,月末在产品 40 件,实际生产工时 50 000 小时。

丙产品本月完工 200 件,月末在产品 50 件,实际生产工时 50 000 小时。

甲、乙、丙三种产品的原材料都在生产开始时一次投入,加工费用发生比较均衡,月末在产品完工程度均为 50%。

3. 本月发生生产费用

(1) 本月发出材料汇总表,见凭证 22-2。

凭证 22-2　　　　　　　　　　　发出材料汇总表

2021 年 8 月　　　　　　　　　　　　　　　　　　　　单位:元

领料部门和用途	材料类别			合计
	原材料	包装物	低值易耗品	
基本生产车间耗用				
甲产品耗用	800 000	10 000		810 000
乙产品耗用	600 000	4 000		604 000
丙产品耗用	700 000	5 000		705 000
甲、乙、丙产品共同耗用	42 000			42 000
车间一般耗用	2 000		100	2 100
辅助生产车间耗用				
供电车间耗用	1 000			1 000
机修车间耗用	1 200			1 200
厂部管理部门耗用	1 200		400	1 600
合计	2 147 400	19 000	500	2 166 900

生产甲、乙、丙三种产品共同耗用的材料,按甲、乙、丙三种产品直接耗用原材料的比例进行分配。

(2) 本月工资结算汇总表及职工福利费用计算表(简化格式),见凭证 22-3。

凭证 22-3　　　　　　　　　　　工资及福利费汇总表

2021 年 8 月　　　　　　　　　　　　　　　　　　　　单位:元

人员类别	应付工资总额	应计提福利费	合计
基本生产车间			
产品生产工人	560 000	78 400	638 400
车间管理人员	20 000	2 800	22 800
辅助生产车间			
供电车间	8 000	1 120	9 120
机修车间	7 000	980	7 980
厂部管理人员	40 000	5 600	45 600
合计	635 000	88 900	723 900

(3) 本月以现金支付的费用为 2 500 元,其中基本生产车间负担的办公费 250 元,市内交通费 65 元;供电车间负担的市内交通费 145 元;机修车间负担的外部加工费 480 元;厂部管理部门负担的办公费 1 360 元,材料市内运输费 200 元。

(4) 本月以银行存款支付的费用为 14 700 元,其中基本生产车间负担的办公费

1 000元,水费2 000元,差旅费1 400元,设计制图费2 600元;供电车间负担的水费500元,外部修理费1 800元;机修车间负担的办公费400元;厂部管理部门负担的办公费3 000元,水费1 200元,招待费200元,市话费600元。

(5) 本月应计提固定资产折旧费22 000元,其中基本生产车间折旧10 000元,供电车间折旧2 000元,机修车间折旧4 000元,厂部管理部门折旧6 000元。

(6) 根据"待摊费用"账户记录,本月应分摊财产保险费3 195元,其中供电车间负担800元,机修车间负担600元,基本生产车间负担1 195元,厂部管理部门负担600元。

【任务单】

工作步骤1:设置有关成本费用明细账和成本计算单。

按品种设置基本生产成本明细账(见凭证22-10、凭证22-11、凭证22-12)和成本计算单(见凭证22-23、凭证22-24、凭证22-25),按车间设置辅助生产成本明细账(见凭证22-13、凭证22-14)和制造费用明细账(见凭证22-15),其他与成本计算无关的费用明细账,如管理费用明细账等,略。

品种法的实践应用——标准品种法

工作步骤2:要素费用的分配。

根据各项生产费用发生的原始凭证和其他有关资料,编制各项要素费用分配表,分配各项要素费用。

(1) 分配材料费用。其中,生产甲、乙、丙三种产品共同耗用材料按甲、乙、丙三种产品直接耗用原材料的比例分配。分配结果见凭证22-4、凭证22-5。

品种法的实践应用——简单品种法

凭证22-4　　　　　　　　甲、乙、丙产品共同耗用材料分配表

2021年8月　　　　　　　　　　　　　　　　　单位:元

产品名称	直接耗用原材料	分配率	分配共耗材料
甲产品			
乙产品			
丙产品			
合计			

凭证22-5　　　　　　　　　　材料费用分配表

2021年8月　　　　　　　　　　　　　　　　　单位:元

会计科目	明细科目	原材料	包装物	低值易耗品	合计
基本生产成本	甲产品				
	乙产品				
	丙产品				
	小计				

(续表)

会计科目	明细科目	原材料	包装物	低值易耗品	合计
辅助生产成本	供电车间				
	机修车间				
	小计				
制造费用	基本生产车间				
管理费用	修理费				
合计					

根据材料费用汇总表编制发出材料的记账凭证。

凭证 22-6

记 账 凭 证
年 月 日

摘要	会计科目		借方	贷方	过账
	总账科目	明细科目	千百十万千百十元角分	千百十万千百十元角分	√
合 计					

会计主管：　　　记账：　　　审核：　　　出纳：　　　制单：

附件　张

凭证 22-7

记 账 凭 证
年 月 日

摘要	会计科目		借方	贷方	过账
	总账科目	明细科目	千百十万千百十元角分	千百十万千百十元角分	√
合 计					

会计主管：　　　记账：　　　审核：　　　出纳：　　　制单：

附件　张

（2）分配工资及福利费用。其中，甲、乙、丙三种产品应分配的工资及福利费按甲、乙、丙三种产品的实际生产工时比例分配。分配结果见凭证22-8。

凭证22-8

工资及福利费用分配表

2021年8月　　　　　　　　　　　　　　　　　　　　　单位：元

分配对象		工资			福利费	
会计科目	明细科目	分配标准	分配率	分配额	分配率	分配额
基本生产成本	甲产品					
	乙产品					
	丙产品					
	小计					
辅助生产成本	供电车间					
	机修车间					
	小计					
制造费用	基本生产车间					
管理费用	工资、福利费					
合计						

根据工资及福利费分配表，编制工资及福利费分配业务的记账凭证。

凭证22-9

记 账 凭 证

年　月　日

摘要	会计科目		借方								贷方								过账√
	总账科目	明细科目	千	百	十	万	千	百	十	元	角	分	千	百	十	万	千	百	十	元	角	分	
合　计																								

附件　　张

会计主管：　　　　记账：　　　　审核：　　　　出纳：　　　　制单：

凭证 22-10

记 账 凭 证
年 月 日

摘要	会计科目		借方									贷方									过账 √
	总账科目	明细科目	千	百	十	万	千	百	十	元	角	分	千	百	十	万	千	百	十	元	角	分	
合 计																							

会计主管：　　　记账：　　　审核：　　　出纳：　　　制单：

附件　　张

凭证 22-11

记 账 凭 证
年 月 日

摘要	会计科目		借方									贷方									过账 √
	总账科目	明细科目	千	百	十	万	千	百	十	元	角	分	千	百	十	万	千	百	十	元	角	分	
合 计																							

会计主管：　　　记账：　　　审核：　　　出纳：　　　制单：

附件　　张

凭证 22-12

记 账 凭 证
年 月 日

摘要	会计科目		借方									贷方									过账 √
	总账科目	明细科目	千	百	十	万	千	百	十	元	角	分	千	百	十	万	千	百	十	元	角	分	
合 计																							

会计主管：　　　记账：　　　审核：　　　出纳：　　　制单：

附件　　张

(3) 计提固定资产折旧费用及摊销待摊费用。分配结果见凭证 22-13 至凭证 22-15。

凭证 22-13

折旧费用计算表
2021 年 8 月　　　　　　　　　　　　　　　　单位:元

会计科目	明细科目	费用项目	分配金额
制造费用	基本生产车间	折旧费	
辅助生产成本	供电车间	折旧费	
	机修车间	折旧费	
管理费用		折旧费	
合计			

根据折旧计算表,编制计提折旧的记账凭证。

凭证 22-14

记 账 凭 证
年　月　日

摘要	会计科目		借方									贷方									过账√
	总账科目	明细科目	千	百	十	万	千	百	十	元	角	分	千	百	十	万	千	百	十	元	角	分	
合　　　计																							

附件　　张

会计主管：　　　　记账：　　　　审核：　　　　出纳：　　　　制单：

凭证 22-15

待摊费用(财产保险费)分配表
2021 年 8 月　　　　　　　　　　　　　　　　单位:元

会计科目	明细科目	费用项目	分配金额
制造费用	基本生产车间	保险费	
辅助生产成本	供电车间	保险费	
	机修车间	保险费	
管理费用		保险费	
合计			

根据待摊费用分配表,编制摊销财产保险费的记账凭证。

凭证 22-16

记 账 凭 证

年　月　日

摘要	会计科目		借方									贷方									过账√
	总账科目	明细科目	千	百	十	万	千	百	十	元	角	分	千	百	十	万	千	百	十	元	角	分	
合　　计																						

会计主管：　　　　记账：　　　　审核：　　　　出纳：　　　　制单：

（4）分配本月现金和银行存款支付费用。分配结果见凭证 22-17。

凭证 22-17

其他费用分配表

2021 年 8 月　　　　　　　　　　　　　　单位:元

会计科目	明细科目	现金支付	银行存款支付	合计
制造费用	基本生产车间			
辅助生产成本	供电车间			
	机修车间			
管理费用				
合计				

根据其他费用分配表，编制记账凭证。

凭证 22-18

记 账 凭 证

年　月　日

摘要	会计科目		借方									贷方									过账√
	总账科目	明细科目	千	百	十	万	千	百	十	元	角	分	千	百	十	万	千	百	十	元	角	分	
合　　计																						

会计主管：　　　　记账：　　　　审核：　　　　出纳：　　　　制单：

(5)根据各项要素费用分配表及编制的会计分录,登记有关基本生产成本明细账(凭证22-19、凭证22-20、凭证22-21)、辅助生产成本明细账(凭证22-22、凭证22-23)和制造费用明细账(凭证22-24)。

凭证22-19　　　　　　　　　　**基本生产成本明细账**

产品名称:甲产品　　　　　　　　　　　　　　　　　　　　　　　单位:元

2021年		凭证字号	摘要	直接材料	直接人工	制造费用	合计
月	日						
		略	月末在产品成本				
7	31		材料费用分配表				
8	31		工资、福利费分配表				
	31		生产用电分配表				
	31		制造费用分配表				
	31		本月生产费用合计				
	31		本月累计				
	31		结转完工入库产品成本				
	31		月末在产品成本				

凭证22-20　　　　　　　　　　**基本生产成本明细账**

产品名称:乙产品　　　　　　　　　　　　　　　　　　　　　　　单位:元

2021年		凭证字号	摘要	直接材料	直接人工	制造费用	合计
月	日						
		略	月末在产品成本				
7	31		材料费用分配表				
8	31		工资、福利费分配表				
	31		生产用电分配表				
	31		制造费用分配表				
	31		本月生产费用合计				
	31		本月累计				
	31		结转完工入库产品成本				
	31		月末在产品成本				

凭证 22-21　　　　　　　　　　　　**基本生产成本明细账**

产品名称：丙产品　　　　　　　　　　　　　　　　　　　　　　　　　　单位：元

2021年		凭证字号	摘要	直接材料	直接人工	制造费用	合计
月	日						
		略	月末在产品成本				
7	31		材料费用分配表				
8	31		工资、福利费分配表				
	31		生产用电分配表				
	31		制造费用分配表				
	31		本月生产费用合计				
	31		本月累计				
	31		结转完工入库产品成本				
	31		月末在产品成本				

凭证 22-22　　　　　　　　　　　　**辅助生产成本明细账**

车间名称：供电车间　　　　　　　　　　　　　　　　　　　　　　　　　单位：元

2021年		凭证字号	摘要	直接材料	直接人工	制造费用	合计
月	日						
8	1	略	材料费用分配表				
	31		工资、福利费分配表				
	31		计提折旧费				
	31		分摊财产保险费				
	31		其他费用				
	31		本月累计				
	31		结转完各收益部门				

凭证 22-23　　　　　　　　　　　　**辅助生产成本明细账**

车间名称：机修车间　　　　　　　　　　　　　　　　　　　　　　　　　单位：元

2021年		凭证字号	摘要	直接材料	直接人工	制造费用	合计
月	日						
8	31	略	材料费用分配表				
	31		工资、福利费分配表				
	31		计提折旧费				
	31		分摊财产保险费				
	31		其他费用				
	31		本月累计				
	31		结转完各收益部门				

凭证 22-24　　　　　　　　　　　　制造费用明细账

车间名称：基本生产车间　　　　　　　　　　　　　　　　　　　　　　　单位：元

2021年		凭证字号	摘要	材料费	人工费	折旧费	修理费	水电费	保险费	其他
月	日									
8	31	略	材料费用分配表							
	31		工资、福利费分配表							
	31		折旧费用计算表							
	31		待摊费用分配表							
	31		其他费用分配表							
	31		辅助生产分配表							
	31		本月合计							
	31		结转完各收益部门							

工作步骤3：分配辅助生产费用。

（1）根据各辅助生产车间制造费用明细账汇集的制造费用总额，分别转入该车间辅助生产成本明细账。本任务中供电和机修车间提供单一产品或服务，未单独设置制造费用明细账，车间发生的间接费用直接记入各车间辅助生产成本明细账。

（2）根据辅助生产成本明细账（凭证22-22、凭证22-23）归集的待分配辅助生产费用和辅助生产车间本月劳务供应量，采用计划成本分配法分配辅助生产费用（凭证22-26），并据以登记有关生产成本明细账或成本计算单和有关费用明细账。

本月供电和机修车间提供的劳务量见凭证22-25。

每度电的计划成本为0.34元，每小时机修费的计划成本为3.50元；成本差异全部由管理费用负担。按车间生产甲、乙、丙三种产品的生产工时比例分配，其中：甲产品的生产工时为100 000小时；乙产品的生产工时为50 000小时；丙产品的生产工时为50 000小时。分配记入产品成本计算单中"直接材料"成本项目，分配结果见凭证22-27。

凭证 22-25　　　　　　　供电和机修车间提供的劳务量表

受益部门	供电车间（度）	机修车间（小时）
供电车间		400
机修车间	3 000	
基本生产车间	33 000	3 000
产品生产	27 000	
一般耗费	6 000	3 000
厂部管理部门	10 000	1 100
合计	46 000	4 500

凭证 22-26　　　　　　　　　　　辅助生产费用分配表

2021 年 8 月　　　　　　　　　　　　　　　　　　　　　　　　　单位:元

受益部门	供电(单位成本 0.34 元)		机修(单位成本 3.50 元)	
	用电度数	计划成本	机修工时	计划成本
供电车间				
机修车间				
基本生产车间				
产品生产				
一般耗费				
厂部管理部门				
合计				
实际成本				
成本差异				

凭证 22-27　　　　　　　　　　　产品生产用电分配表

2021 年 8 月　　　　　　　　　　　　　　　　　　　　　　　　　单位:元

产品	生产工时(小时)	分配率	分配金额
甲产品			
乙产品			
丙产品			
合计			

根据辅助生产费用分配表,编制记账凭证。

(1) 结转辅助生产计划成本。

凭证 22-28　　　　　　　　　　　记　账　凭　证

年　月　日

摘要	会计科目		借方									贷方									过账√
	总账科目	明细科目	千	百	十	万	千	百	十	元	角	分	千	百	十	万	千	百	十	元	角	分	
合　　计																						

附件　张

会计主管:　　　　　记账:　　　　　审核:　　　　　出纳:　　　　　制单:

凭证 22-29

记 账 凭 证
年　月　日

摘要	会计科目		借方									贷方									过账 √
	总账科目	明细科目	千	百	十	万	千	百	十	元	角	分	千	百	十	万	千	百	十	元	角	分	
合　计																								

附件　张

会计主管：　　　　记账：　　　　审核：　　　　出纳：　　　　制单：

（2）结转辅助生产成本差异，为了简化成本计算工作，成本差异全部计入管理费用。

凭证 22-30

记 账 凭 证
年　月　日

摘要	会计科目		借方									贷方									过账 √
	总账科目	明细科目	千	百	十	万	千	百	十	元	角	分	千	百	十	万	千	百	十	元	角	分	
合　计																								

附件　张

会计主管：　　　　记账：　　　　审核：　　　　出纳：　　　　制单：

工作步骤 4：分配制造费用。

根据基本生产车间制造费用明细账（凭证 22-24）归集的制造费用总额，编制制造费用分配表，并登记基本生产成本明细账和有关成本计算单。

本任务中按甲、乙、丙三种产品的生产工时比例分配制造费用，分配结果见凭证 22-31。

凭证 22-31　　　　　　　　　　**制造费用分配表**

车间名称：基本生产车间　　　　　　　　　　　　　　　　　　单位：元

产品	生产工时（小时）	分配率	分配金额
甲产品			
乙产品			
丙产品			
合计			

根据制造费用分配表,编制记账凭证。

凭证 22-32　　　　　　　　　　　记 账 凭 证

年　月　日

摘要	会计科目		借方									贷方									过账√
	总账科目	明细科目	千	百	十	万	千	百	十	元	角	分	千	百	十	万	千	百	十	元	角	分	
合　　　计																							

会计主管:　　　　记账:　　　　审核:　　　　出纳:　　　　制单:

工作步骤 5:在完工产品与在产品之间分配生产费用。

根据各产品成本计算单归集的生产费用合计数和有关生产数量记录,在完工产品和月末在产品之间分配生产费用。

该企业本月甲产品完工入库 500 件,月末在产品 100 件。

乙产品完工入库 200 件,月末在产品 40 件。

丙产品完工入库 200 件,月末在产品 50 件。

按约当产量法分别计算甲、乙、丙三种产品的完工产品成本和月末在产品成本。月末在产品约当产量计算情况见凭证 22-33、凭证 22-34 和凭证 22-35。

凭证 22-33　　　　　　　　在产品约当产量计算表

产品名称:甲产品　　　　　　　　　　　　　　　　　　　　　　单位:件

成本项目	在产品数量	投料程度	约当产量
直接材料	100	100%	
直接人工	100	50%	
制造费用	100	50%	

凭证 22-34　　　　　　　　在产品约当产量计算表

产品名称:乙产品　　　　　　　　　　　　　　　　　　　　　　单位:件

成本项目	在产品数量	投料程度	约当产量
直接材料	40	100%	
直接人工	40	50%	
制造费用	40	50%	

凭证 22-35　　　　　　　　　　在产品约当产量计算表

产品名称：丙产品　　　　　　　　　　　　　　　　　　　　　　　　单位：件

成本项目	在产品数量	投料程度	约当产量
直接材料	50	100%	
直接人工	50	50%	
制造费用	50	50%	

根据甲、乙、丙三种产品的月末在产品约当产量，采用约当产量法在甲、乙、丙三种产品的完工产品与月末在产品之间分配生产费用。编制成本计算单见凭证 22-36、凭证 22-37、凭证 22-38。

凭证 22-36　　　　　　　　　　产品成本计算单

产品名称：甲产品　　　　　　　产成品：500 件　　　　　　　　在产品：100 件

摘要	直接材料	直接人工	制造费用	合计
月初在产品成本				
本月发生生产费用				
生产费用合计				
完工产品数量				
在产品约当产量				
总约当产量				
分配率				
完工产品总成本				
月末在产品成本				

（注：结果保留两位有效数字，不能整除的生产费用倒挤到在产品成本，下同）

凭证 22-37　　　　　　　　　　产品成本计算单

产品名称：乙产品　　　　　　　产成品：200 件　　　　　　　　在产品：40 件

摘要	直接材料	直接人工	制造费用	合计
月初在产品成本				
本月发生生产费用				
生产费用合计				
完工产品数量				
在产品约当产量				
总约当产量				
分配率				
完工产品总成本				
月末在产品成本				

凭证 22-38　　　　　　　　　　**产品成本计算单**

产品名称：丙产品　　　　　　　产成品：200 件　　　　　　　　　　在产品：50 件

摘要	直接材料	直接人工	制造费用	合计
月初在产品成本				
本月发生生产费用				
生产费用合计				
完工产品数量				
在产品约当产量				
总约当产量				
分配率				
完工产品总成本				
月末在产品成本				

工作步骤 6：编制完工产品成本汇总表。

根据凭证 22-36、凭证 22-37、凭证 22-38 的分配结果，编制完工产品成本汇总表（凭证 22-39），并据以结转完工产品成本。

凭证 22-39　　　　　　　　　　**完工产品成本汇总表**

2021 年 8 月　　　　　　　　　　　　　　　　　　　　　　单位：元

成本项目	甲产品		乙产品		丙产品	
	总成本	单位成本	总成本	单位成本	总成本	单位成本
直接材料						
直接人工						
制造费用						
合计						

根据完工产品成本汇总表或产品成本计算单及成品入库单，结转完工入库产品的生产成本，并编制记账凭证。

凭证 22-40　　　　　　　　　　**记 账 凭 证**

年　月　日

摘要	会计科目		借方									贷方									过账 √
	总账科目	明细科目	千	百	十	万	千	百	十	元	角	分	千	百	十	万	千	百	十	元	角	分	
合　计																							

附件　张

会计主管：　　　　　记账：　　　　　审核：　　　　　出纳：　　　　　制单：

任务二十三　一般分批法

【企业介绍】

华源工业是一家专业研发、开发、设计制造橡胶机械成型机的企业。按照购货单位订单小批生产甲、乙、丙三种产品，

由于该公司是一家单件、小批、多步骤加工企业，故采用一般分批法计算产品成本。

分批法的
工作原理

分批法的实
践应用——
一般分批法

【原始单据】

2021年8月生产情况和生产费用支出情况的资料如下：

1. 本月生产产品的批号

3001批：甲产品5台，6月投产，本月全部完工。

3002批：乙产品11台，7月投产，本月完工6台，未完工5台。

3003批：丙产品9台，本月投产，计划10月完工，本月提前完工3台。

2. 本月生产费用支出情况

各批次产品的月初在产品费用详见凭证23-1。

凭证23-1　　　　　　　　　　在产品费用　　　　　　　　　　单位：元

批号	直接材料	直接材料和动力	直接人工	制造费用	合计
3001	8 739	4 987	3 610	1 696	19 032
3002	38 279	17 234	6 892	5 906	68 311

根据各种费用分配表，汇总各批产品本月发生的生产费用，详见凭证23-2。

凭证23-2　　　　　　　　　　在产品费用　　　　　　　　　　单位：元

批号	直接材料	直接燃料和动力	直接人工	制造费用	合计
3001	0	4 260	2 980	1 008	8 248
3002	0	4 927	6 120	3 050	14 097
3003	9 572	7 896	6 709	2 987	27 164

3. 在完工产品与在产品之间分配费用的方法

(1) 三种产品的原材料均在生产开始时一次性投入。

(2) 3002批乙产品，本月末完工产品数量较大。原材料是在生产开始时一次性投入，

约当比 100%，其费用可以按照完工产品和在产品实际数量比例分配；其他费用采用约当产量比例法在完工产品和月末在产品之间进行分配，在产品完工程度为 50%。

(3) 3003 批丙产品，本月完工产品数量为 3 台。为简化核算，完工产品按计划成本转出，每台计划成本为：直接材料 1 230 元，直接燃料和动力 1 008 元，直接人工 762 元，制造费用 450 元，合计 3 450 元。

【任务单】

根据上述各项资料，登记各批产品成本明细账，详见凭证 22-3 至凭证 22-5。

工作步骤 1：根据上述各项资料，登记各批产品成本明细账，详见凭证 22-3 至凭证 22-5。

1. 3001 批次

甲产品 5 台，6 月投产，本月全部完工。6 月、7 月、8 月三个月累计生产费用全部为完工产品成本，将其除以完工产品数量，即可得到单位产品成本。3001 批甲产品成本明细账见凭证 23-3。

凭证 23-3　　　　　　　　　　　产品成本明细账

产品批号：3001　　　　　购货单位：　　　　　投产日期：2021 年 6 月
产品名称：甲产品　　　　批量：5 台　　　　　　完工日期：2021 年 8 月
　　　　　　　　　　　　　　　　　　　　　　　单位：元

2021年		凭证字号	摘要	直接材料	直接燃料和动力	直接人工	制造费用	合计
月	日							
		略	月初在产品费用					
			本月生产费用					
			累计					
			完工产品成本					
			完工产品单位成本					

2. 3002 批次

乙产品 11 台，7 月份投产，本月完工 6 台，未完工 5 台。投料率 100%，完工率 50%。3002 批乙产品属于跨月陆续完工，且完工产品数量在批内所占比重较大，生产费用应在完工产品和月末在产品之间进行分配。因原材料一次投入，完工产品和在产品负担的原材料费用相同，按产品数量分配；其余按约当产量比例分配。3002 批乙产品成本核算明细账见凭证 23-4。

凭证 23-4　　　　　　　　　　　　　　**产品成本明细账**

　　　　　　　　　　　　　　　　　　　　投产日期：2021 年 7 月

产品名称：3002　　　　　　购货单位：　　　　完工日期：2021 年 9 月（本月完工 6 台）

产品批号：乙产品　　　　　批量：10 台　　　　单位：元

2021年		凭证字号	摘要	直接材料	直接燃料和动力	直接人工	制造费用	合计
月	日							
		略	月初在产品费用					
			本月生产费用					
			累计					
			完工 6 台产品成本					
			完工产品单位成本					
			月末在产品费用					

(1) 计算以下成本和原材料的分配。

① 完工产品直接材料费用。

② 月末在产品直接材料费用。

(2) 其他费用的分配。

① 月末在产品约当产量。

② 完工产品直接燃料和动力费用。

③ 月末在产品直接燃料和动力费用。

④ 完工产品直接人工费用。

⑤ 月末在产品直接人工费用。

⑥ 完工产品制造费用。

⑦ 月末在产品制造费用。

3. 3003 批次

　　丙产品 9 台，本月投产，计划 10 月完工，本月提前完工 3 台。为了简化核算，本月完工产品成本直接按单位计划成本结转。

凭证 23-5　　　　　　　　　　　　　　**产品成本明细账**

　　　　　　　　　　　　　　　　　　　　投产日期：2021 年 8 月

产品名称：3003　　　　　　购货单位：　　　　完工日期：2021 年 10 月（本月完工 3 台）

产品批号：丙产品　　　　　批量：8 台　　　　单位：元

2021年		凭证字号	摘要	直接材料	直接燃料和动力	直接人工	制造费用	合计
月	日							
		略	本月生产费用					
			单位计划成本					
			完工 2 台产品成本					
			月末在产品费用					

工作步骤 2：编写完工产品入库的记账凭证。

填写甲产品完工入库的记账凭证。

凭证 23-6　　　　　　　　　　　记 账 凭 证

年　月　日

摘要	会计科目		借方	贷方	过账√
	总账科目	明细科目	千百十万千百十元角分	千百十万千百十元角分	
合　　　计					

会计主管：　　　记账：　　　审核：　　　出纳：　　　制单：

填写乙产品完工入库的记账凭证。

凭证 23-7　　　　　　　　　　　记 账 凭 证

年　月　日

摘要	会计科目		借方	贷方	过账√
	总账科目	明细科目	千百十万千百十元角分	千百十万千百十元角分	
合　　　计					

会计主管：　　　记账：　　　审核：　　　出纳：　　　制单：

填写丙产品完工入库的记账凭证。

凭证 23-8　　　　　　　　　　　记 账 凭 证

年　月　日

摘要	会计科目		借方	贷方	过账√
	总账科目	明细科目	千百十万千百十元角分	千百十万千百十元角分	
合　　　计					

会计主管：　　　记账：　　　审核：　　　出纳：　　　制单：

任务二十四　简化分批法

【企业资料】

佳美家具公司小批生产多种产品，由于产品批数多，为了简化成本计算工作，采用简化的分批法-不分批计算在产品成本的分批法计算成本。

分批法的实践应用——简化分批法

动画视频

【背景单据】

2021年7月生产情况和生产费用支出情况的资料如下。

1. 本月生产产品的批号

4001批：A产品10件，5月投产，本月完工。

4002批：A产品6件，6月投产，尚未完工。

4003批：B产品12件，6月投产，本月完工2件。

4004批：C产品8件，7月投产，尚未完工。

简化分批法完工产品的成本计算和结转

2. 本月生产费用支出情况

（1）各批次产品的月初在产品费用详见凭证24-1至凭证24-5。

凭证24-1　　　　　　　　　在产品费用

产品批号：4001　　　　　　　　　　　　　　　　　单位：元

时间	直接材料	生产工时
5月	6 800	6 580
6月	1 290	7 100
7月	1 340	20 900

凭证24-2　　　　　　　　　在产品费用

产品批号：4002　　　　　　　　　　　　　　　　　单位：元

时间	直接材料	生产工时
6月	9 870	20 050
7月	3 240	32 180

凭证24-3　　　　　　　　　在产品费用

产品批号：4003　　　　　　　　　　　　　　　　　单位：元

时间	直接材料	生产工时
6月	18 765	27 640
7月		12 950

凭证 24-4   在产品费用

产品批号:4004   单位:元

时间	直接材料	生产工时
7月	20 087	31 340

(2) 根据各种费用分配表,汇总各批产品本月发生的生产费用,详见凭证 24-5。

凭证 24-5   生产费用明细表   单位:元

时间	直接人工	制造费用
6月	607 980	1 012 000
7月	1 098 450	1 198 000

【任务单】

工作步骤1:根据要素费用分配表登记基本生产成本二级账和各批次产品成本明细账,见凭证 24-6 至凭证 24-10。(金额保留小数点后两位)

凭证 24-6   基本生产成本二级账

                                                                                                                  单位:元

2021年		凭证字号	摘要	直接材料	生产工时(小时)	直接人工	制造费用	合计
月	日							
6	30	略	在产品					
7	31		本月发生					
7	31		累计数					
7	31		全部产品累计间接计入费用分配率					
7	31		本月完工产品转出					
7	31		在产品					

全部产品累计间接计入费用分配率计算如下:

(1) 直接人工费用累计分配率。

(2) 制造费用累计分配率。

1. 4001 批

A 产品 10 件,5 月投产,本月完工。

凭证 24-7　　　　　　　　　　　**产品成本明细账**

投产日期:2021 年 5 月

产品批号:4001　　　　购货单位:　　　　完工日期:2021 年 7 月
产品名称:A 产品　　　　批量:10 台　　　　单位:元

2021 年		凭证字号	摘要	直接材料	生产工时（小时）	直接人工	制造费用	合计
月	日							
5	31	略	在产品					
6	30		本月发生					
7	31		本月发生					
7	31		累计数及累计间接计入费用分配率					
7	31		本月完工产品转出					
7	31		完工产品单位成本					

请计算以下项目。（金额保留小数点后两位）

(1) 4001 批完工产品应负担的直接人工。

(2) 4001 批完工产品应负担的制造费用。

2. 4002 批

A 产品 6 件,6 月投产,尚未完工。

凭证 24-8　　　　　　　　　　　**产品成本明细账**

投产日期:2021 年 6 月

产品批号:4002　　　　购货单位:　　　　完工日期:
产品名称:A 产品　　　　批量:6 台　　　　单位:元

2021 年		凭证字号	摘要	直接材料	生产工时（小时）	直接人工	制造费用	合计
月	日							
6	30	略	本月发生					
7	31		本月发生					

3. 4003 批

B 产品 12 件,6 月投产,本月完工 2 件。已知完成 2 件 B 产品的定额工时为 11 000 小时。

凭证 24-9　　　　　　　　　　**产品成本明细账**

产品批号：4003　　　　　　购货单位：　　　　　　投产日期：2021 年 6 月
产品名称：B 产品　　　　　　批量：12 台　　　　　　完工日期：（本月完工 2 件）
　　　　　　　　　　　　　　　　　　　　　　　　　单位：元

2021年		凭证字号	摘要	直接材料	生产工时（小时）	直接人工	制造费用	合计
月	日							
6	30	略	本月发生					
7	31		本月发生					
7	31		累计数及累计间接计入费用分配率					
7	31		本月完工产品转出					
7	31		完工产品单位成本					
7	31		在产品					

请计算以下项目。（金额保留小数点后两位）

(1) 由于投料率为 100％，计算 2 件完工产品的直接材料费用。

(2) 4002 批完工产品应负担的直接人工费用。

(3) 4001 批完工产品应负担的制造费用。

4. 4004 批

C 产品 8 件，7 月投产，尚未完工。

凭证 24-10　　　　　　　　　　**产品成本明细账**

产品批号：4004　　　　　　购货单位：　　　　　　投产日期：2021 年 7 月
产品名称：C 产品　　　　　　批量：8 台　　　　　　完工日期：
　　　　　　　　　　　　　　　　　　　　　　　　　单位：元

2021年		凭证字号	摘要	直接材料	生产工时（小时）	直接人工	制造费用	合计
月	日							
7	31	略	本月发生					

根据以上凭证，编制完工产品成本汇总表，见凭证 24-11。

凭证 24-11　　　　　　　　　**完工产品成本汇总表**

　　　　　　　　　　　　　　　　日期：2021 年 7 月　　　　　　　　　　单位：元

成本项目	A 产品		B 产品		C 产品		合计
	总成本	单位成本	总成本	单位成本	总成本	单位成本	
直接材料							
直接人工							
制造费用							
合计							

工作步骤2：根据完工产品成本核算表，编制完工产品入库的记账凭证。

凭证 24-12

记 账 凭 证

年　月　日

摘要	会计科目		借方										贷方										过账√
	总账科目	明细科目	千	百	十	万	千	百	十	元	角	分	千	百	十	万	千	百	十	元	角	分	
合　　计																								

附件　　张

会计主管：　　　　记账：　　　　审核：　　　　出纳：　　　　制单：

任务二十五　平行结转分步法

一、按约当产量法计算各步骤产品成本份额

生产工序

认识分步法

【企业资料】

时营模具公司从2021年1月正式开始生产甲产品,经过三个车间连续加工而成。第一车间生产出的A半成品直接转入第二车间,第二车间生产出的B半成品直接转入第三车间,第三车间生产甲产成品。原材料在第一车间生产开始时一次投入,有关产品产量资料和成本费用资料见凭证25-1、凭证25-2。假定每个车间月末在产品完工程度均为50%。

【原始单据】

凭证25-1　　　　　　　　　　　　产品产量资料

计量单位:件

项目	第一车间	第二车间	第三车间
本月投产或转入	150	130	100
本月完工或转出	130	100	50
月末在产数量	20	30	50
在产品完工程度	50%	50%	50%

凭证25-2　　　　　　　　　　　　成本费用资料

计量单位:元

摘要	本月发生费用			
	直接材料	直接人工	制造费用	合计
第一车间	36 000	7 000	2 800	45 800
第二车间	0	6 900	3 450	10 350
第三车间	0	2 250	750	3 000

【任务单】

根据原始单据,按约当产量法计算完工甲产成品成本过程见凭证25-3。

凭证 25-3　　　　　　　　按约当产量法计算完工甲产成品成本

摘要		直接材料	直接人工	制造费用	合计
第一车间	完工产成品负担的本步骤成本				
第二车间	完工产成品负担的本步骤成本				
第三车间	完工产成品负担的本步骤成本				
完工甲产成品总成本					
单位成本					

二、按定额比例法计算各步骤产品成本份额

【企业资料】

华盛电子有限公司分两个生产步骤连续加工制造甲产品,第一步骤生产的甲半成品直接转移到第二步骤继续加工成甲产成品,原材料在第一步骤投产时一次投入。各步骤月初在产品成本和本月发生费用见凭证 25-4。甲产品有关产量和定额资料如凭证 25-5 所示,月末在产品加工进度为 50%。企业采用平行结转分步法计算完工产品成本,各步骤生产费用应计入完工产品成本的"份额"按定额比例法分配计算。

【原始单据】

凭证 25-4　　　　　　　　　　各步骤生产费用

摘　　要		直接材料	直接人工	制造费用	合计
月初在产品成本	第一步骤	8 400	5 300	4 600	18 300
	第二步骤		4 940	7 410	12 350
本月发生费用	第一步骤	20 400	8 100	5 400	33 900
	第二步骤		4 660	6 990	11 650

凭证 25-5　　　　　　　　　　甲产品资料

项　　目	第一步骤	第二步骤
单件原材料费用定额	120	
单件工时定额	8	9
月初在产品	100	30
本月投入	300	350
本月产成品	350	200
月末在产品(完工程度 50%)	50	180

动画视频

平行结转分步法费用的分配

分步法的工作原理

分步法的实践应用——平行结转分步法(1)

分步法的实践应用——平行结转分步法(2)

【任务单】

根据平行结转分步法计算甲产品成本。

工作步骤1：设置第一步骤产品成本明细账，第二步骤产品成本明细账，根据生产费用资料登记各自的成本明细账，见凭证25-6、凭证25-7。

凭证25-6　　　　　　　　　第一步骤产品成本明细账

产品名称：甲产品　　　　　　　　2021年1月　　　　　　　　　　　产量：200件

项目	直接材料		定额工时	直接人工	制造费用	合计
	定额	实际				
月初在产品成本						
本月发生费用						
生产费用合计						
费用分配率						
产成品成本中本步骤"份额"						
月末在产品成本						

请根据以下资料，计算甲产品成本明细账有关数据。

(1) 第一步骤甲产品定额直接材料费用。

(2) 第一步骤月末广义在产品定额直接材料费用。

(3) 直接材料分配率。

(4) 第一步骤月末广义在产品直接材料费用。

(5) 第一步骤甲产品定额工时。

(6) 第一步骤月末广义在产品定额工时。

(7) 直接人工费用分配率。

(8) 第一步骤甲产品直接人工"份额"。

(9) 第一步骤月末广义在产品直接人工。

凭证25-7　　　　　　　　　第二步骤产品成本明细账

产品名称：甲产品　　　　　　　　2021年7月　　　　　　　　　　　产量：200件

项目	直接材料		定额工时	直接人工	制造费用	合计
	定额	实际				
月初在产品成本						
本月发生费用						
生产费用合计						
费用分配率						
产成品成本中本步骤"份额"						
月末在产品成本						

请根据以上资料,计算甲产品成本明细账有关数据。

(1) 第二步骤甲产成品定额工时。
(2) 第二步骤甲产成品月末在产品定额工时。
(3) 直接人工费用分配率。
(4) 第二步骤甲产成品直接人工费用"份额"。
(5) 第二步骤甲产成品月末在产品直接人工费用。

工作步骤2:根据第一步骤、第二步骤甲产品成本明细账中登记的各该步骤的产成品成本"份额",平行汇总计算甲产成品完工总成本,编制甲产成品成本汇总表,见凭证25-8。

凭证25-8   **产成品成本汇总表**

产品名称:甲产品   2021年7月

项 目	产量(件)	直接材料	直接人工	制造费用	合计
第一步骤份额					
第二步骤份额					
产成品总成本					
产成品单位成本					

工作步骤3:根据产成品成本汇总计算表,编制记账凭证。

凭证25-9   **记 账 凭 证**

            年　月　日

摘要	会计科目		借方	贷方	过账√
	总账科目	明细科目	千百十万千百十元角分	千百十万千百十元角分	
合　　计					

会计主管: 记账: 审核: 出纳: 制单:

附件　张

任务二十六　分项结转分步法

分步法的实践应用——逐步结转分步法(1)

【企业资料】

某厂生产丙产品,生产过程分三个车间连续加工完成,第一车间对投入的原材料进行加工,制造成 A 半成品;第二车间对 A 半成品进行加工制造成 B 半成品;第三车间对 B 半成品进行加工制造丙产品。各车间的在产品采用约当产量法按实际成本进行计算。原材料在第一车间开始生产时一次投入,各车间的在产品完工程度均为 50%,各车间完工的半成品不通过半成品仓库收发,直接转入下一车间进行加工。采用分项结转方式逐步结转分步法,计算完工丙产品总成本。

【原始单据】

有关产品产量记录见凭证 26-1,各车间成本资料见凭证 26-2。

凭证 26-1　　　　　　　　　　产品产量资料

单位:件

项目	第一车间	第二车间	第三车间
月初在产品	50	50	50
本月投入	200	150	100
本月完工交库	150	100	140
月末在产品	100	100	10

凭证 26-2　　　　　　　　　　各车间成本资料

单位:元

项目		成本项目			
		直接材料	直接人工	制造费用	合计
月初在产品成本	第一车间	1 000	200	400	1 600
	第二车间	900	300	400	1 600
	第三车间	900	500	600	2 000
本月发生费用	第一车间	3 500	1 400	2 000	6 900
	第二车间		300	200	500
	第三车间		910	1 280	2 190

【任务单】

丙产品完工产品成本计算过程如下：

工作步骤1：设置三个车间成本计算单，格式见凭证26-3、凭证26-4、凭证26-5。

凭证26-3　　　　　　　　第一车间A半成品成本计算单

单位：元

摘要	直接材料	直接人工	制造费用	合计
月初在产品成本				
本月发生费用				
生产费用合计				
约当产量				
单位成本				
转出半成品成本(150件)				
月末在产品成本				

第一车间A半成品成本计算如下：

在凭证26-3、凭证26-4、凭证26-5中，月初在产品成本、本月发生费用和生产费用合计三个项目是根据案例所给出的资料直接填列及计算加总的。约当产量等于本车间完工半成品（最后步骤为完工产成品）数量加上月末在产品约当产量。月末在产品约当产量，由于材料是在生产开始时一次投入，所以直接材料项目投料程度按100％计算，直接人工和制造费用项目按完工程度的50％计算。请计算以下成本。

(1) 月末在产品直接材料约当产量。
(2) 直接材料项目约当总产量。
(3) 直接材料分配率。
(4) A半成品直接材料。
(5) A月末在产品直接材料。
(6) 月末在产品加工费约当产量。
(7) 直接人工和制造费用等加工费用项目约当产量。
(8) 直接人工分配率。
(9) A半成品直接人工。
(10) A月末在产品直接人工。
(11) 制造费用分配率。
(12) A半成品制造费用。
(13) A月末在产品制造费用。
(14) A半成品完工成本。
(15) A月末在产品成本。

凭证 26-4　　　　　　　　　　第二车间 B 半成品成本计算单

金额单位:元

摘要	直接材料	直接人工	制造费用	合计
月初在产品成本				
本月发生费用				
上车间转来 A 半成品				
生产费用合计				
约当产量				
单位成本				
转出半成品成本(150 件)				
月末在产品成本				

　　第二车间 B 半成品成本计算如下:

　　(1) 直接材料项目约当产量。

　　(2) 直接材料分配率。

　　(3) B 半成品直接材料。

　　(4) B 月末在产品直接材料。

　　(5) 直接人工等加工费项目约当产量。

　　(6) 直接人工分配率。

　　(7) B 半成品制造费用。

　　(8) B 月末在产品制造费用。

　　(9) B 半成品制造费用。

　　(10) B 月末在产品成本。

凭证 26-5　　　　　　　　　　第三车间丙产品成本计算单

金额单位:元

摘要	直接材料	直接人工	制造费用	合计
月初在产品成本				
本月发生费用				
上车间转来 B 半成品				
生产费用合计				
约当产量				
单位成本				
转出半成品成本(150 件)				
月末在产品成本				

　　第三车间丙产品成本计算如下:

　　(1) 直接材料项目约当产量。

　　(2) 直接材料分配率。

(3) 丙产成品直接材料。
(4) 丙月末在产品直接材料。
(5) 直接人工等加工费项目约当产量。
(6) 直接人工分配率。
(7) 丙产成品直接人工。
(8) 丙月末在产品直接人工。
(9) 制造费用分配率。
(10) 丙产成品完工成本。
(11) 丙月末在产品成本。

工作步骤 2：根据凭证 26-3、凭证 26-4、凭证 26-5 编制记账凭证。

根据凭证 26-3 第一车间 A 半成品成本计算单，转出 A 半成品成本，编制记账凭证。

凭证 26-6　　　　　　　　　　记 账 凭 证
年　月　日

摘要	会计科目		借方									贷方									过账√
	总账科目	明细科目	千	百	十	万	千	百	十	元	角	分	千	百	十	万	千	百	十	元	角	分	
合　　计																						

会计主管：　　　　记账：　　　　审核：　　　　出纳：　　　　制单：

根据凭证 26-4 编制记账凭证。

凭证 26-7　　　　　　　　　　记 账 凭 证
年　月　日

摘要	会计科目		借方									贷方									过账√
	总账科目	明细科目	千	百	十	万	千	百	十	元	角	分	千	百	十	万	千	百	十	元	角	分	
合　　计																						

会计主管：　　　　记账：　　　　审核：　　　　出纳：　　　　制单：

根据凭证 26-5 编制记账凭证。

凭证 26-8

记 账 凭 证

年　月　日

摘要	会计科目		借方									贷方									过账√
	总账科目	明细科目	千	百	十	万	千	百	十	元	角	分	千	百	十	万	千	百	十	元	角	分	
合　　计																								

附件　　张

会计主管：　　　　记账：　　　　审核：　　　　出纳：　　　　制单：

任务二十七 综合结转分步法

【企业资料】

某企业分三个车间连续加工生产丁产品,第一车间生产 M 半成品,第二车间将 M 半成品加工厂 N 半成品,第三车间将 N 半成品加工成丁产品。原材料在第一车间生产开始时一次投入,半成品在各车间直接转移,各步骤月末在产品完工程度均为 50%,各步骤采用约当产量法分配完工半成品(第三车间为产成品)成本与在产品费用。该企业 2021 年 3 月份产品产量记录、月初在产品费用及本月费用发生额资料分别见凭证 27-1、凭证 27-2、凭证 27-3 所示。根据综合结转方式逐步结转分步法计算丁产品成本。

分步法的实践应用——逐步结转分步法(2 成本还原)

动画视频

按实际成本核算的综合结转法

【原始单据】

凭证 27-1　　　　　产品产量资料

单位:件

项目	第一车间	第二车间	第三车间
月初在产品	50	40	80
本月投入	300	320	300
本月完工交库	320	300	360
月末在产品	30	60	20

凭证 27-2　　　　　月初在产品费用

单位:元

项目	第一车间	第二车间	第三车间
直接材料	7 600	0	0
自制半成品	0	6 000	14 400
直接人工	560	400	980
制造费用	390	200	620
合计	8 550	6 600	16 000

凭证 27-3　　　　　　　　　　本月发生费用

单位:元

项目	第一车间	第二车间	第三车间
直接材料	34 400	0	0
直接人工	4 800	6 200	7 900
制造费用	4 300	3 100	5 300
合计	43 500	9 300	13 200

【任务单】

工作步骤 1：设置产品成本明细账，归集生产费用，以 M 半成品、N 半成品和丁产品为对象，设置三个车间产品成本明细账，根据上述资料分别登记各项费用，见凭证 27-4、凭证 27-5 和凭证 27-6 所示。

凭证 27-4　　　　　　　　　　第一车间产品成本明细账

产品名称：M 半成品　　　　　　　2021 年 3 月　　　　　　　　　单位：元

摘要	直接材料	直接人工	制造费用	合计
月初在产品成本				
本月发生费用				
生产费用合计				
约当产量				
单位成本				
转出半成品成本(320 件)				
月末在产品成本				

按照上述资料，计算以下结果。

(1) 直接材料费用分配：

① 直接材料费用分配率。

② 完工 M 半成品负担直接材料费用。

③ 月末在产品负担直接材料费用。

(2) 直接人工费用分配：

① 直接人工费用分配率。

② 完工 M 半成品负担直接人工费用。

③ 月末在产品负担直接人工费用。

(3) 制造费用分配：

① 制造费用分配率。

② 完工 M 半成品负担制造费用。

③ 月末在产品负担制造费用。

凭证 27-5　　　　　　　　　　第一车间产品成本明细账

产品名称：N 半成品　　　　　　　2021 年 3 月　　　　　　　　　单位：元

摘要	直接材料	直接人工	制造费用	合计
月初在产品成本				
本月发生费用				
生产费用合计				
约当产量				
单位成本				
转出半成品成本(300 件)				
月末在产品成本				

(1) 半成品费用分配：

① 半成品费用分配率。

② 完工 N 半成品负担半成品费用。

③ 月末在产品负担半成品费用。

(2) 直接人工费用分配：

① 直接人工费用分配率。

② 完工 N 半成品负担直接人工费用。

③ 月末在产品负担直接人工费用。

(3) 制造费用分配：

① 制造费用分配率。

② 完工 M 半成品负担制造费用。

③ 月末在产品负担制造费用。

凭证 27-6　　　　　　　　　　第一车间产品成本明细账

产品名称：丁产品　　　　　　　　2021 年 3 月　　　　　　　　　单位：元

摘要	直接材料	直接人工	制造费用	合计
月初在产品成本				
本月发生费用				
生产费用合计				
约当产量				
单位成本				
转出半成品成本(360 件)				
月末在产品成本				

按照上述资料，计算以下结果。

(1) 半成品费用分配：

① 半成品费用分配率。
② 完工 N 半成品负担半成品费用。
③ 月末在产品负担半成品费用。
(2) 直接人工费用分配:
① 直接人工费用分配率。
② 完工 N 半成品负担直接人工费用。
③ 月末在产品负担直接人工费用。
(3) 制造费用分配:
① 制造费用分配率。
② 完工 M 半成品负担制造费用。
③ 月末在产品负担制造费用。

工作步骤 2:根据凭证 27-4 至凭证 27-6 编制记账凭证。

综合结转
(账簿式)

凭证 27-7　　　　　　　　　　记 账 凭 证

年　月　日

摘要	会计科目		借方									贷方									过账 √
	总账科目	明细科目	千	百	十	万	千	百	十	元	角	分	千	百	十	万	千	百	十	元	角	分	
合　　计																							

会计主管:　　　　记账:　　　　审核:　　　　出纳:　　　　制单:

凭证 27-8　　　　　　　　　　记 账 凭 证

年　月　日

摘要	会计科目		借方									贷方									过账 √
	总账科目	明细科目	千	百	十	万	千	百	十	元	角	分	千	百	十	万	千	百	十	元	角	分	
合　　计																							

会计主管:　　　　记账:　　　　审核:　　　　出纳:　　　　制单:

凭证 27-9

记 账 凭 证

年　月　日

摘要	会计科目		借方									贷方									过账√
	总账科目	明细科目	千	百	十	万	千	百	十	元	角	分	千	百	十	万	千	百	十	元	角	分	
合　　计																							

附件　　张

会计主管：　　　　记账：　　　　审核：　　　　出纳：　　　　制单：

工作步骤 3：以该案例为例，我们来说明成本还原的具体程序。该企业丁产品生产步骤为三步，成本还原需要进行两次。

（1）成本还原率法。

第一次以第三车间完工产品成本中半成品成本 64 800 元为还原对象，以本月第二车间所产 N 半成品的综合成本 54 000 元为还原依据。请计算以下成本还原结果。

① 第一次成本还原分配率。

② 还原为第二车间的半成品费用。

③ 还原为第二车间的直接人工费用。

④ 还原为第二车间的制造费用。

第二次将已经还原为第二车间的半成品成本 54 000 元，再按本月第一步骤所产半成品成本 48 000 元的构成进行还原。请计算以下成本还原结果。

① 第二次成本还原分配率。

② 还原为第一车间的直接材料费用。

③ 还原为第一车间的直接人工费用。

④ 还原为第一车间的制造费用。

将以上成本还原的计算过程和结果编制产成品成本还原计算表，如表 27-1 所示。

表 27-1　　　　　　　　　丁产成品成本还原计算表

产量：360 件

项目	还原分配率	第二步半成品	第一步半成品	直接材料	直接人工	制造费用	合计
第三车间还原前丁产品成本							
第二车间完工 N 半成品成本（构成）							

(续表)

项目	还原分配率	第二步半成品	第一步半成品	直接材料	直接人工	制造费用	合计
第一次成本还原金额							
第一车间完工M半成品成本(构成)							
第二次成本还原金额							
还原后产成品总成本							
还原后产成品单位成本							

（2）项目比例还原法。

按本月所产半成品的成本结构比例还原的方法。

仍按上述采用项目比例还原法进行成本还原，计算程序和结果如表27-2所示。

表 27-2　　　　　　　　丁产成品成本还原计算表

项目	第二步半成品	第一步半成品	直接材料	直接人工	制造费用	合计
还原前产成品成本						
第二步半成品各成本项目的比例						
第一次还原(到第二步)						
第二步半成品各成本项目的比例						
第一次还原(到第二步)						
还原后产成品成本						

（1）第二步半成品各成本项目的比例计算步骤如下：

① 自制半成品项目比例。

② 直接人工项目比例。

③ 制造费用项目比例。

（2）第一次成本还原金额：

① 还原为第二步骤半成品成本。

② 还原为第二步骤直接人工。

③ 还原为第二步骤制造费用。

（3）第二步半成品各成本项目的比例计算：

① 直接材料项目比例。

② 直接人工项目比例。

③ 制造费用项目比例。

（4）第二次成本还原金额：

① 还原为第一步骤直接材料。

② 还原为第二步骤直接人工。

③ 还原为第二步骤制造费用。

任务二十八 成本报表编制

成本报表

【企业资料】

永盛机械制造有限责任公司2021年12月份生产甲、乙、丙三种产品,其中,甲产品和乙产品为可比产品,丙产品为不可比产品;可比产品成本全年计划成本降低率为2.65%;甲产品销售单价为500元,乙产品销售单价为450元,丙产品销售单价为520元。该公司各种产品单位成本资料整理见凭证28-1。该公司1—11月份各种产品累计的产量、总成本、平均单位成本等资料如凭证28-2所示,12月份各种产品产量、总成本、单位成本等资料如凭证28-3所示。

【原始单据】

凭证28-1　　　　　　　　各种产品单位成本资料

单位:元

成本项目	历史先进水平		上年实际平均		本年计划		
	甲产品	乙产品	甲产品	乙产品	甲产品	乙产品	丙产品
直接材料	312	254	320	280	315	275	340
直接人工	54	46	60	58	56	53	86
制造费用	63	45	68	52	69	47	60
合计	429	345	448	390	440	375	486

凭证28-2　　　　　　　1—11月份各种产品产量、成本资料

单位:元

成本项目	甲产品累计产量350台		乙产品累计产量300台		丙产品累计产量120台	
	累计总成本	平均单位成本	累计总成本	平均单位成本	累计总成本	平均单位成本
直接材料	100 877	288.22	79 380	264.60	37 896	315.80
直接人工	22 890	65.40	17 526	58.42	12 618	105.15
制造费用	17 710	50.60	16 395	54.65	9 390	78.25
合计	141 477	404.22	113 301	377.67	59 904	499.20

凭证 28-3　　　　　　　　12 月份各种产品产量、成本资料

单位：元

成本项目	甲产品累计产量 50 台		乙产品累计产量 40 台		丙产品累计产量 20 台	
	总成本	单位成本	总成本	单位成本	总成本	单位成本
直接材料	14 925	298.50	11 200	280	5 600	280
直接人工	2 600	52	2 400	60	1 810	90.50
制造费用	3 580	71.60	2 084	52.10	1 600	80
合计	21 105	422.10	15 684	392.10	9 010	450.50

【任务单一】

根据案例资料，编制该公司 2021 年 12 月份产品生产成本表。

成本表编制如下：

工作步骤 1：根据凭证 28-2、凭证 28-3 有关产量资料，列报各种产品"本月产量"和"本年累计产量"。

工作步骤 2：根据凭证 28-1 资料列报各种产品的"上年实际平均单位成本"和"本年计划单位成本"，根据凭证 28-2、凭证 28-3 列报各种产品的"本月实际单位成本"和"本年累计实际平均单位成本"。

工作步骤 3：根据凭证 28-2 列报各种产品的"本月实际总成本"，并结合有关资料计算填列"按上年实际平均单位成本计算的本月总成本"和"按本年计划单位成本计算的本月总成本"。

工作步骤 4：根据凭证 28-2 列报各种产品的"本年实际总成本"，并结合有关资料计算填列"按上年实际平均单位成本计算的本年总成本"和"按本年计划单位成本计算的本年总成本"。

成本报表的编制与分析——产品生产成本表的编制和分析实训

凭证 28-4　　　　　　　　产品生产成本表

编制单位：永盛机械制造有限责任公司　　2021 年 12 月　　　　　　　　单位：元

产品名称	可比产品			不可比产品		全部产品生产成本
	甲产品	乙产品	合计	丙产品	合计	
规格	—	—		—		—
计量单位						
本月实际产量						
本年累计产量						
上年实际平均单位成本						
本年计划单位成本						

(续表)

产品名称	可比产品			不可比产品		全部产品生产成本
	甲产品	乙产品	合计	丙产品	合计	
本月实际单位成本						
本年累计实际平均单位成本						
按上年实际平均单位成本计算本月总成本						
按本年计划单位成本计算本月总成本						
本月实际总成本						
按上年实际平均单位成本计算累计总成本						
按本年计划单位成本计算累计总成本						
本年实际累计总成本						

注：补充资料：(本年累计实际数)①可比产品成本降低额为20 233；②可比产品成本降低率为6.48%(可比计划成本降低率为2.655)。

【任务单二】

永盛机械制造有限责任公司2021年其他有关资料补充如下，各种产品主要技术经济指标见凭证28-5，各种产品2021年度计划产量见凭证28-6。

凭证28-5　　　　　各产品主要技术经济指标　　　　　单位：元

项目	产品	历史先进水平	上年实际平均	本年计划	本月实际	本年累计实际平均
单位产品材料消耗						
A材料	甲	100	105	101	98	103
B材料	甲	80	92	90	91	94
C材料	乙	25	27	26	26.2	25.8
D材料	丙	30	32	31	30.8	30.5
单位产品工时消耗	甲	3.6	4.2	4	3.7	3.8
	乙	0		3.6	3.8	3.4
	丙	0		8	7.9	8.2

凭证 28-6   **各产品 2021 年度计划产量**

产品	甲	乙	丙
计划产量	365	310	150

  结合上述有关资料,编制永盛机械制造有限责任公司甲、乙、丙三种产品的单位成本表(见凭证 28-7、凭证 28-8、凭证 28-9)。

  工作步骤 1:甲产品单位成本表的编制。

  (1) 根据凭证 28-5 填列甲产品的主要技术经济指标。

  (2) 根据凭证 28-6 并结合的资料填列甲产品的有关产量数据。(本月计划产量按平均数填列)

  (3) 根据上述有关资料,填列甲产品各项单位成本数额,完成凭证 28-7。

凭证 28-7   **主要产品单位成本表**

2021 年 12 月

产品名称:甲产品   计量单位:台   本月计划产量:31   本月实际产量:50

产品规格: 单价:500   本年计划产量:365   本年实际计划产量:400

成本项目	行次	历史先进水平	上年实际平均	本年计划	本月实际	本年累计实际平均
直接材料						
直接人工						
制造费用						
单位产品成本						
主要经济技术指标						
单位产品物耗						
A 材料						
B 材料						
单位产品耗用工时						

  工作步骤 2:乙产品单位成本表的编制。

  (1) 根据凭证 28-5 填列乙产品主要技术经济指标。

  (2) 根据凭证 28-6 并结合上述资料填列乙产品有关产量数据。(本月计划产量按平均数填列)

  (3) 根据上述有关资料,填列乙产品各项单位成本数额,完成凭证 28-8。

凭证 28-8   **主要产品单位成本表**

2021 年 12 月

产品名称:乙产品   计量单位:台   本月计划产量:26   本月实际产量:40

产品规格: 单价:450   本年计划产量:310   本年实际计划产量:340

成本项目	行次	历史先进水平	上年实际平均	本年计划	本月实际	本年累计实际平均
直接材料						
直接人工						
制造费用						
单位产品成本						
主要经济技术指标						
单位产品物耗						
C材料						
单位产品耗用工时						

工作步骤 3:丙产品单位成本表的编制。

(1) 根据凭证 28-5 填列乙产品主要技术经济指标。

(2) 根据凭证 28-6 并结合上述资料填列丙产品有关产量数据。(本月计划产量按平均数填列)

(3) 根据上述有关资料,填列乙产品各项单位成本数额,完成凭证 28-9。

凭证 28-9   **主要产品单位成本表**

2021 年 12 月

产品名称:乙产品   计量单位:台   本月计划产量:13   本月实际产量:20

产品规格: 单价:520   本年计划产量:150   本年实际计划产量:140

成本项目	行次	历史先进水平	上年实际平均	本年计划	本月实际	本年累计实际平均
直接材料		—	—			
直接人工						
制造费用						
单位产品成本						
主要经济技术指标		—	—			
单位产品物耗		—	—			
C材料		—	—			
单位产品耗用工时		—	—			

【任务单三】

永盛机械制造有限责任公司其他有关资料补充如下。

(1) 永盛机械制造有限责任公司 2021 年制造费用月度计划和上年同期实际资料见凭证 28-10。

凭证 28-10　　　　月度计划和上年同期制造费用有关资料　　　　　　单位：元

项目	职工薪酬	折旧费	办公费	水电费	机物料消耗	低值易耗品摊销	劳动保护费	租赁费	运输费	保险费	实验检验费	其他	合计
本年各月计划	1 400	1 200	500	200	400	200	1 500	580	500	270	200	120	7 070
上年同期实际	1 200	1 000	600	240	420	180	1 400	500	600	250	300	200	6 890

(2) 该公司 2021 年 1—11 月份制造费用累计实际资料如凭证 28-11。

凭证 28-11　　　　1—11 月份制造费用累计实际资料　　　　　　单位：元

项目	职工薪酬	折旧费	办公费	水电费	机物料消耗	低值易耗品摊销	劳动保护费	租赁费	运输费	保险费	实验检验费	其他	合计
本年累计实际	12 400	13 200	4 800	1 500	2 800	1 200	16 500	4 580	5 100	4 000	2 200	1 520	69 800

(3) 该公司 2021 年 12 月份制造费用实际资料见凭证 28-12。

凭证 28-12　　　　12 月份制造费用实际资料　　　　　　单位：元

项目	职工薪酬	折旧费	办公费	水电费	机物料消耗	低值易耗品摊销	劳动保护费	租赁费	运输费	保险费	实验检验费	其他	合计
本年各月计划	1 800	1 200	850	320	450	380	2 200	600	480	270	320	300	9 170

根据有关资料，编制永盛机械制造有限责任公司 2021 年 12 月份制造费用明细表。

试分析如下：

(1) 根据凭证 28-10 资料，填列"本年计划"数额（月度计划数×12）和"上年同期实际"数额。

(2) 根据凭证 28-12 资料，填列本月实际数额。

(3) 根据凭证 28-11 和凭证 28-12 资料，计算填列"本年累计实际"数额。

凭证 28-13　　　　　　　　　　制造费用明细表　　　　　　　　　　单位:元

项目	本年计划	上年同期实际	本月实际	本年累计实际
职工薪酬				
折旧费				
办公费				
水电费				
机物料消耗				
低值易耗品摊销				
劳动保护费				
租赁费				
运输费				
保险费				
试验检验费				
其他支出				
合计				

任务二十九　成本报表分析

【企业资料一】

假定巨峰企业甲产品材料总成本本期实际数及计划数如凭证 29-1 所示。

凭证 29-1　　　　　　　材料总成本相关数据

项目	本期计划	本期实际	差异
产品产量(台)	800	880	80
单位产品材料耗用量(千克)	20	22	2
材料单价(元)	8	7	−1
产品材料总成本(元)	128 000	135 520	7 520

成本分析

【任务单】

综合经济指标是产品材料总成本,其构成因素包括产品产量、单位产品材料耗用量(以下简称材料单耗)和材料单价等三个方面。因此材料总成本的计算公式如下:

$$材料总成本＝产量\times 材料单耗\times 材料单价$$

工作步骤1:分析对象。其公式如下:

$$实际产品材料成本－计划产品材料成本＝产品材料成本差异$$

工作步骤2:替代分析。即计算计划数值指标和替代产量指标。

由于产量变动对产品材料总成本的影响为 d_1,则计算替代材料单耗指标。

由于材料单耗变动对材料总成本的影响为 d_2,则计算替代材料单价指标。

由于材料单价变动对材料总成本的影响为 d_3,则计算各因素对材料总成本的综合影响结果。

【企业资料二】

巨华企业 2021 年度生产甲、乙、丙三种产品,其中甲、乙产品为可比产品,丙产品为不可比产品。产品生产成本表如凭证 29-2 所示。

凭证 29-2　　　　　　　　　　　　　**商品产品成本表**

编制单位:巨华企业　　　　　　　　　　　　2021 年　　　　　　　　　　　　　　　　单位:元

产品品种	规格	计量单位	本年实际产量	单位成本			总成本		
				上年实际平均	本年计划	本年实际	按上年实际平均单位成本计算	按本年计划单位成本计算	本年实际
可比产品合计							100 000	87 000	86 000
其中:甲产品			50	800	720	760	40 000	36 000	38 000
乙产品			60	1 000	850	800	60 000	51 000	48 000
不可比产品合计									
其中:丙产品			10		500	508		5 000	5 080
全部产品总成本								92 000	91 080

【任务单一】

按照产品品种法进行全部产品成本的分析。

工作步骤 1:计算全部产品成本计划完成率。

工作步骤 2:计算全部产品实际成本较计划成本的升降额和升降率。

工作步骤 3:编制全部产品成本计划完成情况分析表。

凭证 29-3　　　　**全部产品成本计划完成情况分析表(按产品品种)**

产品名称	实际产量本年累计		成本计划完成情况			各种产品对总成本降低率的影响
	计划总成本	实际总成本	完成率	升降额	升降率	
可比产品合计						
其中:甲产品						
乙产品						
不可比产品合计						
其中:丙产品						
全部产品总成本						

(注:各种产品对总成本降低率的影响=某产品计划总成本比重×该产品成本升降率)

工作步骤 4:分析原因。

【任务单二】

根据巨华企业的成本计划和成本核算资料,编制全部按成本项目计算的成本计划完成情况分析表。

凭证 29-4　　　　全部产品成本计划完成情况分析表（按成本项目）

单位：元

成本项目	全部产品总成本		节约或超支		各项目的差异数占总成本的比重
	按计划	按实际	绝对数	百分比	
	①	②	③＝②－①	④＝③÷①	⑤＝③÷∑①
直接材料					
直接人工					
制造费用					
合计					

【企业资料三】

假设某厂2021年可比产品成本计划降低任务和实际情况的有关资料见凭证29-5和凭证29-6。

凭证 29-5　　　　可比产品成本计划降低任务

单位：元

可比产品名称	计划产量	单位成本		总成本		计划降低任务	
		上年	计划	计划产量按上年计算	计划	降低额	降低率
甲	60	800	720	48 000	43 200	4 800	10％
乙	48	1 000	850	48 000	40 800	7 200	15％
合计				96 000	84 000	12 000	12.5％

凭证 29-6　　　　可比产品成本实际降低情况

单位：元

可比产品名称	实际产量	实际单位成本	总成本			实际降低情况	
			实际产量按上年计划	实际产量按计划计算	实际产量按实际计算	降低额	降低率
甲	50	760	40 000	36 000	38 000	2 000	5％
乙	60	800	60 000	51 000	48 000	12 000	20％
合计			100 000	87 000	86 000	14 000	14％

该厂可比产品成本实际降低额比计划任务多降低了2 000元(14 000－12 000)，实际成本降低率比计划降低增长了1.5％(14％－12.5％)，说明该厂可比产品成本计划降低任务完成情况是好的。在此基础上，我们应进一步分析影响可比产品成本降低任务完成情况的各种因素，以便作出正确评价，提出有效的改进措施。

例如,假定该厂本期各种产品产量都比计划增长了4.17%,实际的单位成本又完全等于计划单位成本,可比产品成本降低情况见凭证29-7。

凭证 29-7　　　　　　　可比产品成本降低情况　　　　　　单位:元

可比产品名称	实际产量	实际单位成本	总成本			实际降低情况	
			实际产量按上年计划	实际产量按计划计算	实际产量按实际计算	降低额	降低率
甲	62.5	720	50 000	45 000	45 000	5 000	10%
乙	50	850	50 000	42 500	42 500	7 500	15%
合计			100 000	87 500	87 500	12 500	12.5%

通过对比分析可知,甲、乙两种可比产品的实际产量比计划增长了4.17%[(100 000－96 000)÷96 000×100%],说明产品品种结构没有变化,且各种产品单位成本也未发生变化,因而成本降低额从计划的12 000元增加到实际完成的12 500元,增长了4.17%[(12 500－12 000)÷12 000×100%],与产量增幅相同,但成本降低率仍然是12.5%。由此可见,在其他因素不变的条件下,产品产量的变动,只影响产品成本降低额发生同比例变化,而对成本降低率没有影响。

请结合企业资料三中相关数据,采用"连环替代法"分别计算产品产量、产品品种结构和单位成本三个因素变动对可比产品成本降低任务完成情况的影响,并作简要分析评价。

【任务单】

工作步骤1:采用比较分析法,确定可比产品成本实际降低指标与计划降低目标的差异,作为分析对象。即:

可比产品成本降低额差异＝实际降低额－计划降低额

可比产品成本降低率差异＝实际降低率－计划降低率

工作步骤2:采用连环替代分析法,分别计算各因素变动对可比产品成本降低任务完成情况的影响。

(1) 对可比产品成本降低额影响的分析。

① 产品产量变动的影响。

② 产品品种构成变动的影响。

③ 单位成本变动的影响

(2) 对可比产品成本降低率差异的影响分析。

① 产量因素的影响。(注:无论何种情况,产品产量因素对于成本降低率的变动均不产生影响)

② 品种结构因素影响。

③ 产品单位成本因素影响。

(3) 综合评价。

【企业资料四】

某企业甲产品单位成本表见凭证 29-8，试分析说明产品单位成本计划完成情况。

凭证 29-8　　　　　　　　　主要产品单位成本表

编制单位：　　　　　　　　　　2021 年　　　　　　　　　　单位：元
产品名称：甲产品　　　计量单位：吨　　　计划产量：60　　　实际产量：50

成本项目	上年实际平均单位成本	本年计划单位成本	本年实际平均单位成本
直接材料	392	333	365
直接人工	260	225	240
制造费用	178	162	155
合计	800	720	760

明细项目	单位	上年数		计划数		实际数	
		单位用量	金额	单位用量	金额	单位用量	金额
原材料							
A	千克	23	184	24	180	22	176
B	千克	13	208	10	153	12	189
工时		210		180		200	

【任务单】

（1）根据凭证 29-8 相关资料，编制单位成本分析表，以了解成本升降情况和一般原因。

凭证 29-9　　　　　　　甲产品单位成本分析表

成本项目	计划成本	实际成本	降低或超支		各项目变化对单位成本的影响
			金额	变化率	
直接材料					
直接人工					
制造费用					
合计					

（2）根据企业资料四的相关内容，结合相应的成本计划和成本核算资料，整理后编制直接材料成本项目分析表，并进行甲产品直接材料成本变动的原因分析。

凭证 29-10　　　　　　　　直接材料成本项目分析表

材料名称	计量单位	耗用量		材料单价		材料成本		差异分析		
		计划	实际	计划	实际	计划	实际	合计	耗用量	价格
A	千克	20	22	9	8	180	276	—	+18.0	−22.0
B	千克	10	12	15.3	15.75	153	189	—	+30.6	+5.4
合计						333	365	32	+48.6	−16.6

请计算以下数据：

① 耗用量差异。

② 材料价格差异。

③ 请对成本进行分析。

任务三十　综合实训 1

【企业资料】

洁佳家免洗拖把制造厂成立于 2018 年,是一家专门从事生产和销售免洗拖把的企业。该企业设有半成品一车间、半成品二车间和成品车间三个生产车间,两个辅助生产车间即供电车间和供水车间,还有销售部门和若干行政管理部门。半成品一车间生产抽拉式拖把一段和旋转式拖把一段,半成品二车间生产抽拉式拖把二段和旋转式拖把二段,成品车间生产成品抽拉式拖把和旋转式拖把。企业财务部门有出纳及各岗位会计若干人,岗位设置有财务经理、总账会计、报账会计、成本会计、结算会计、出纳等。其中,成本会计主要负责进行产品成本核算,即计算、编制涉及成本核算的原始凭证,并根据外来原始凭证及自制原始凭证填制成本业务记账凭证,最后汇总结转完工产品成本。

【成本核算制度】

(1) 本公司为增值税一般纳税人,适用的增值税税率为 13%。

(2) 本公司的开户行为中国银行深圳市光明新区支行,账号 52201785667277008021。

(3) 公司的原材料、周转材料和库存商品均采用实际成本计价法进行核算,各类存货的发出均采用全月一次加权平均法计算单价,计算结果保留 2 位小数。

(4) 公司根据国家有关规定计算并缴纳养老保险、医疗保险(生育保险已并入医疗保险)、失业保险、工伤保险、住房公积金。计提基数为本企业参保人员应付工资总额,其中,养老保险缴费比例为企业缴纳 14%,个人缴纳 8%;医疗保险缴费比例为企业缴纳 5.2%,个人缴纳 2%;失业保险缴费比例为企业缴纳 0.7%,个人缴纳 0.3%;工伤保险全部由企业承担,缴纳比例为 0.28%;住房公积金缴费比例为企业缴纳 8%,个人缴纳 8%。成本核算中,企业承担部分并进相关成本或者费用科目,个人承担部分直接从"应付职工薪酬——职工工资"账户中冲销。工会经费计提比例为工资薪金总额的 2%。职工福利费和职工教育经费按实际列支。个人所得税由公司代扣代缴,通过"应交税费——应缴个人所得税"账户进行核算。

(5) 公司的固定资产折旧采用年限平均法(直线法)。折旧年限分别为生产设备 10 年,办公设备 5 年,房屋 20 年,运输设备 4 年;预计净残值率分别为生产设备 4.00%,办公设备 5.00%,房屋 5.00%,运输设备 3.50%。

(6) 公司的无形资产摊销采用年限平均法摊销,摊销年限不低于 10 年,无形资产无净残值。摊销年限分别为专利权 10 年、非专利技术 10 年和土地使用权 35 年。

(7) 公司的产品成本核算采用分项逐步结转分步法,将上一步骤的半成品成本分项转入下一步骤成本计算的相应成本项目中。成本项目包括直接材料、直接人工和制造费用等。直接材料费用如果属于两种以上产品共同耗用的即采用定额费用比例分配法在各

种产品之间进行分配。直接人工及制造费用按生产工人工时比例分配法进行计算。生产费用在完工产品和月末在产品之间的分配采用约当产量法,原材料在第一道工序开始时一次性投入,月末在产品该工序的完工程度均为50％。

(8) 辅助生产费用的归集设置"辅助生产成本"总账科目,按辅助生产车间发生的劳务、项目或者生产的产品种类设置明细账。辅助生产成本的费用分配方法采用交互分配法。

(9) 公司法人:秦天兵;财务主管:罗成伟;审核:丁晓静;会计:闫昌婷;出纳:邱淑慧;仓库主管:周利兵;仓库管理员:王吕峰;购货经办人:汪球球;领料人:赵子晴;交货经办人:杨昌学。

(10) 本实训中金额保留两位小数,分配率保留四位小数,分配尾差倒挤进最后一个项目。

【任务单一】

2021年12月1日,公司为三个生产车间改造新产品流水线,向深圳爱思杰设计有限公司支付流水线设计图款项。要求:根据原始单据填制支付流水线设计图的记账凭证。

凭证 30-1　　　　　　　　电子发票 1

凭证 30-2　　　　　　　　　　　电子发票 2

深圳增值税电子专用发票

发票代码：052002435890
发票号码：12341200
开票日期：2021 年 12 月 01 日
校 验 码：09875 34545 56767 43219

机器编号：3218104144322

购买方	名　　　称：洁佳家免洗拖把制造厂 纳税人识别号：1234561548765 43298 地　址、电　话：深圳市光明新区塘明路 0755-21765432 开户行及账号：中国银行深圳市光明新区支行 52201785667277008021	密码区	&^*(&%561324145*&^)(kh%432*&*(%(6^^#$@342vkh%43223216+54561 32415?><$#v2321@$#+I28$+I51# @$@$+I77@+I1#@#6+54%345#@

货物或应税劳务名称	规格型号	单位	数量	单价	金额	税率	税额
流水线设计费			1	13 000.00	13 000.00	6%	780.00
合　　　计					￥13000.00		￥780.00

价税合计（大写）	Ⓧ 壹万叁仟柒佰捌拾元整	（小写） ￥13780.00

销售方	名　　　称：深圳爱思杰设计有限公司 纳税人识别号：987609154874109099 地　址、电　话：深圳市红荔路 0755-27859980 开户行及账号：中国银行深圳市光明新区支行 52201873000987698769	备注	半成品二车间

收款人：　　　　复核：陈家强　　　　开票人：刘华

凭证 30-3　　　　　　　　　　　电子发票 3

深圳增值税电子专用发票

发票代码：988434789022
发票号码：74832765
开票日期：2021 年 12 月 01 日
校 验 码：18900 87687 56767 78951

机器编号：897654498766

购买方	名　　　称：洁佳家免洗拖把制造厂 纳税人识别号：123456154876543298 地　址、电　话：深圳市光明新区塘明路 0755-21765432 开户行及账号：中国银行深圳市光明新区支行 52201785667277008021	密码区	5*&^)(*&2I28$+I51#*(%(6^^#%6+5 45#@#$@342v5?>2324<$#@$16877 78#+213@$@$+I77@+2I1vkh%4324 9*&^*(&%43216kh%4311￥#@hyilm

货物或应税劳务名称	规格型号	单位	数量	单价	金额	税率	税额
流水线设计费			1	15 000.00	15 000.00	6%	900.00
合　　　计					￥15 000.00		￥900.00

价税合计（大写）	Ⓧ 壹万伍仟玖佰元整	（小写） ￥15 900.00

销售方	名　　　称：深圳爱思杰设计有限公司 纳税人识别号：987609154874109099 地　址、电　话：深圳市红荔路 0755-27859980 开户行及账号：中国银行深圳市光明新区支行 52201873000987698769	备注	成品车间

收款人：　　　　复核：陈家强　　　　开票人：刘华

凭证 30-4　　　　　　　　　　中国银行跨行转账电子凭证

电子回单号　2003-4648-5721-5830-4120

付款人	户名	洁佳家免洗拖把制造厂	收款人	户名	深圳爱思杰设计有限公司
	账号	123456154876543298		账号	522018730000987698769
金额（小写）	¥ 43 460.00			开户行	中国银行深圳市光明新区支行
金额（大写）	人民币肆万叁仟肆佰陆拾元整			状态	交易成功
用途	支付流水线设计费				
	受理日期	2021 年 12 月 1 日		网银流水号	400450133800
	汇款方式	普通		手续费	0 元
	转账方式	实时处理		预约日期	无
	打印次数	1		收款人号码	无
验证码	XXXXXXX				

工作步骤 1：根据生产工人工时分配流水线设计费。

凭证 30-5　　　　　　　　　　流水线设计图设计费分配表

年　月　日

使用单位	分配标准（生产工时）	分配率	分配金额（元）
半成品一车间——抽拉式	2 250		
半成品一车间——旋转式	2 400		
小计	4 650		
半成品二车间——抽拉式	2 100		
半成品二车间——旋转式	2 050		
小计	4 150		
成品车间——抽拉式	1 870		
成品车间——旋转式	1 880		
小计	3 750		
合计			

财务主管：　　　　　　　　　审核：　　　　　　　　　制单：

工作步骤2:根据原始单据填制支付流水线设计费的记账凭证。

凭证 30-6

记 账 凭 证

年 月 日

摘要	会计科目		借方										贷方										过账√
	总账科目	明细科目	千	百	十	万	千	百	十	元	角	分	千	百	十	万	千	百	十	元	角	分	
合 计																								

会计主管:　　　　记账:　　　　审核:　　　　出纳:　　　　制单:

附件　　张

凭证 30-7

记 账 凭 证

年 月 日

摘要	会计科目		借方										贷方										过账√
	总账科目	明细科目	千	百	十	万	千	百	十	元	角	分	千	百	十	万	千	百	十	元	角	分	
合 计																								

会计主管:　　　　记账:　　　　审核:　　　　出纳:　　　　制单:

附件　　张

【任务单二】

2021年12月2日,公司为各车间、部门向深圳伯乐杨商贸有限公司购买一批办公用品,款项已支付。要求:根据原始单据填制报销办公用品的记账凭证。

凭证 30-8　　　　　　　电子发票 4

深圳增值税电子专用发票

发票代码：987669809887
发票号码：76540090
开票日期：2021 年 12 月 02 日
校 验 码：18771 38975 09867 98090

机器编号：789065554898

购买方	名　　称：洁佳家免洗拖把制造厂 纳税人识别号：123456154876543298 地　址、电　话：深圳市光明新区塘明路 0755-21765432 开户行及账号：中国银行深圳市光明新区支行 52201785667277008021	密码区	68+I51#@$77*(&%45^^#%#@#789 *&^$@342vkh%4+16+545654$2321# +I28$@3561&*(%3241$+I7vkh%432* &^)(*(65?><$##@2417@+I1yh790m0

货物或应税劳务名称	规格型号	单位	数量	单价	金额	税率	税额
办公用品			1	3 670.00	3 670.00	13%	477.10
合　　　计					¥3 670.00		¥ 477.10

价税合计（大写）	⊗ 肆仟壹佰肆拾柒元壹角整	（小写）	¥ 4 147.10

销售方	名　　称：深圳伯乐杨商贸有限公司 纳税人识别号：765498770972673298 地　址、电　话：深圳市光明新区塘明路 0755-25998760 开户行及账号：中国建设银行深圳光明新区支行 52200000667277876598	备注	

收款人：　　　　复核：王晓璐　　　　开票人：张佳

凭证 30-9　　　　　　　中国银行跨行转账电子凭证

电子回单号　2003-6789-5721-8700-6544

付款人	户名	洁佳家免洗拖把制造厂	收款人	户名	深圳伯乐杨商贸有限公司
	账号	52201785667277008021		账号	52200000667277876598
金额（小写）	¥ 4 147.10		开户行	中国建设银行深圳光明新区支行	
金额（大写）	人民币肆仟壹佰肆拾柒元壹角整		状态	交易成功	
用途	购买办公用品				
	受理日期	2021 年 12 月 2 日	网银流水号	900950136540	
	汇款方式	普通	手续费	0元	
	转账方式	实时处理	预约日期	无	
	打印次数	1	收款人号码	无	
验证码	XXXXXXX				

凭证 30-10　　　　　　　　　　办公用品领用情况统计表

2021 年 12 月

领用部门	领用金额（元）
半成品一车间	330.00
半成品二车间	310.00
成品车间	310.00
供电车间	280.00
供水车间	270.00
销售部门	970.00
管理部门	1 200.00
合计	3 670.00

财务主管：罗成伟　　　　　　审核：丁晓静　　　　　　制单：闫吕婷

工作步骤 1：根据原始单据编制办公用品分配表。

凭证 30-11　　　　　　　　　　办公用品分配表

2021 年 12 月 1 日

使用单位	分配标准（生产工时）	分配率	分配金额（元）
半成品一车间——抽拉式	2 250		
半成品一车间——旋转式	2 400		
小计	4 650		
半成品二车间——抽拉式	2 100		
半成品二车间——旋转式	2 050		
小计	4 150		
成品车间——抽拉式	1 870		
成品车间——旋转式	1 880		
小计	3 750		
供电车间	—		
供水车间	—		
销售部门	—		
管理部门	—		
合计			

财务主管：　　　　　　　　　审核：　　　　　　　　　制单：

工作步骤2：根据办公用品分配表填制报销办公用品的记账凭证。

凭证 30-12

记 账 凭 证
年　月　日

摘要	会计科目		借方	贷方	过账
	总账科目	明细科目	千百十万千百十元角分	千百十万千百十元角分	√
合　　计					

会计主管：　　　　记账：　　　　审核：　　　　出纳：　　　　制单：

附件　　张

凭证 30-13

记 账 凭 证
年　月　日

摘要	会计科目		借方	贷方	过账
	总账科目	明细科目	千百十万千百十元角分	千百十万千百十元角分	√
合　　计					

会计主管：　　　　记账：　　　　审核：　　　　出纳：　　　　制单：

附件　　张

凭证 30-14

记 账 凭 证
年　月　日

摘要	会计科目		借方	贷方	过账
	总账科目	明细科目	千百十万千百十元角分	千百十万千百十元角分	√
合　　计					

会计主管：　　　　记账：　　　　审核：　　　　出纳：　　　　制单：

附件　　张

【任务单三】

2021年12月5日,公司向满江红家居用品公司购买纤维布条,款已付。要求:根据原始单据填制购买纤维布条的记账凭证。

凭证 30-15   电子发票 5

凭证 30-16   电子发票 6

凭证 30-17　　　　　　　中国银行跨行转账电子凭证

电子回单号　2003-4648-5721-5830-6910

付款人	户名	洁佳家免洗拖把制造厂	收款人	户名	满江红家居用品公司
	账号	52201785667277008021		账号	52204530067445507811
金额（小写）		¥68 898.20		开户行	中国建设银行深圳坂田支行
金额（大写）		人民币陆万捌仟捌佰玖拾捌元贰角整		状态	交易成功
用途		购买纤维布条			
	受理日期	2021年12月5日		网银流水号	543850133219
	汇款方式	普通		手续费	0元
	转账方式	实时处理		预约日期	无
	打印次数	1		收款人号码	无
验证码		XXXXXXX			

工作步骤：根据原始单据填制购买纤维布条的记账凭证。

凭证 30-18　　　　　　　　记　账　凭　证

年　月　日

摘要	会计科目		借方								贷方									过账 √
	总账科目	明细科目	千	百	十	万	千	百	十	元	角	分	千	百	十	万	千	百	十	元	角	分	
合　计																								

附件　　张

会计主管：　　　　　记账：　　　　　审核：　　　　　出纳：　　　　　制单：

【任务单四】

2021年12月6日，公司向洁美能商贸有限公司购买拖把杆及底板，款已付，运费均摊。要求：根据原始单据填制购买拖把杆及底板的记账凭证。

凭证 30-19　　　　　　　　电子发票 7

深圳增值税电子专用发票

发票代码：052002342903
发票号码：49005678
开票日期：2021 年 12 月 06 日
校 验 码：32121 34245 90067 17832

机器编号：213414314498

购买方	名　　称	洁佳家免洗拖把制造厂	密码区	687?><$#@$67789*&^132*(&%4564 1545*&^)(*&*(%(6^^3223#%+51#@ #$@342v#+I28$+I51#@$@$+I77@ +I1vkh%43223216+545kh%42163241
	纳税人识别号	123456154876543298		
	地址、电话	深圳市光明新区塘明路 0755-21765432		
	开户行及账号	中国银行深圳市光明新区支行 52201785667277008021		

货物或应税劳务名称	规格型号	单位	数量	单价	金额	税率	税额
拖把杆		个	3 000	12.80	38 400.00	13%	4 992.00
底板		个	3 000	17.50	52 500.00	13%	6 825.00
合　　计					￥90 900.00		￥11 817.00

价税合计（大写）	(X) 壹拾万贰仟柒佰壹拾柒元整	（小写）￥102 717.00

销售方	名　　称	洁美能商贸有限公司	备注
	纳税人识别号	213456927076543000	
	地址、电话	深圳市布吉坂田吉华路 0755-85941913	
	开户行及账号	中国建设银行深圳坂田支行 52204530067342154987	

收款人：　　　　复核：徐叶浅　　　　开票人：罗奇帆

凭证 30-20　　　　　　　　电子发票 8

深圳增值税电子专用发票

发票代码：053221000027
发票号码：12340929
开票日期：2019 年 12 月 06 日
校 验 码：82321 34000 96767 97001

机器编号：310010414981

购买方	名　　称	洁佳家免洗拖把制造厂	密码区	*&^*513223(&%45*54132&^)56(*&* @+I1vkh%4%43223216+5456132415 ?><$#@$#+I28$+I2166877789(%(6 ^^#%#@#$@342vkh#@$@$+I77+
	纳税人识别号	123456154876543298		
	地址、电话	深圳市光明新区塘明路 0755-21765432		
	开户行及账号	中国银行深圳市光明新区支行 52201785667277008021		

货物或应税劳务名称	规格型号	单位	数量	单价	金额	税率	税额
运费					300.00	9%	27.00
合　　计					￥300.00		￥27.00

价税合计（大写）	(X) 叁佰贰拾柒元整	（小写）￥327.00

销售方	名　　称	深圳达天下物流有限公司	备注
	纳税人识别号	334556927076543678	
	地址、电话	深圳市布吉坂田吉华路 0755-87699056	
	开户行及账号	中国建设银行深圳坂田支行 52204530067344328990	

收款人：　　　　复核：肖镇东　　　　开票人：雷建

凭证 30-21　　　　　　　　　中国银行跨行转账电子凭证

电子回单号　2123-4648-6209-5430-3320

付款人	户名	洁佳家免洗拖把制造厂	收款人	户名	洁美能商贸有限公司
	账号	52201785667277008021		账号	52204530067342154987
金额（小写）		¥103 044.00		开户行	中国建设银行深圳坂田支行
金额（大写）		人民币壹拾万叁仟零肆拾肆元整		状态	交易成功
用途		购买拖把杆及底板			
	受理日期	2021年12月6日		网银流水号	600450143291
	汇款方式	普通		手续费	0元
	转账方式	实时处理		预约日期	无
	打印次数	1		收款人号码	无
验证码		XXXXXXX			

工作步骤：根据原始单据填制购买拖把杆及底板的记账凭证。

凭证 30-22　　　　　　　　　　记　账　凭　证

年　月　日

摘要	会计科目		借方										贷方										过账√
	总账科目	明细科目	千	百	十	万	千	百	十	元	角	分	千	百	十	万	千	百	十	元	角	分	
合　计																								

附件　　张

会计主管：　　　记账：　　　审核：　　　出纳：　　　制单：

【任务单五】

2021年12月6日，公司向冲击力设备制造厂购买拖把胶棉头自动包装机用于车间生产，款已付。要求：根据原始单据填制购买拖把胶棉头自动包装机的记账凭证。

凭证 30-23　　　　　　　电子发票 9

深圳增值税电子专用发票

发票代码：752002000005
发票号码：12345890
开票日期：2021 年 12 月 06 日
校 验 码：12661 84545 06767 57811

机器编号：910010414000

购买方	名　　称：洁佳家免洗拖把制造厂 纳税人识别号：123456154876543298 地　址、电　话：深圳市光明新区塘明路　0755-21765432 开户行及账号：中国银行深圳市光明新区支行 52201785667277008021	密码区	277^)(*&89*&^*(632&%45*1+53&*(%(6^^#%#@#$@38723vkh%4v426 kh%434561216+5456132415?><$#@ $#+I28$+I51#@$@2321$+I77@+I2

货物或应税劳务名称	规格型号	单位	数量	单价	金额	税率	税额
拖把胶棉头自动包装机		台	1	57 000.00	57 000.00	13%	7 410.00
合　　计					￥57 000.00		￥7 410.00

价税合计（大写）	Ⓧ 陆万肆仟肆佰壹拾元整	（小写）　￥64 410.00

销售方	名　　称：冲击力设备制造厂 纳税人识别号：389077154876543900 地　址、电　话：深圳市坪山新区　0755-89013680 开户行及账号：中国建设银行深圳坪山支行 52201785639277321678	备注	

收款人：　　　　　复核：石宛旋　　　　开票人：张晓丽

凭证 30-24　　　　　　　电子发票 10

深圳增值税电子专用发票

发票代码：152002000123
发票号码：25845600
开票日期：2021 年 12 月 06 日
校 验 码：12365 34545 56767 88890

机器编号：510010416700

购买方	名　　称：洁佳家免洗拖把制造厂 纳税人识别号：123456154876543298 地　址、电　话：深圳市光明新区塘明路　0755-21765432 开户行及账号：中国银行深圳市光明新区支行 52201785667277008021	密码区	89*#+I28$+I51#@$@$+I77@+I1vk h%4316+545&^*(&%32@$145*&^)(*&*(%(6^^#%#@#$@36842vkh%4 3226+5456132415?><$#234er$^fg12

货物或应税劳务名称	规格型号	单位	数量	单价	金额	税率	税额
运费					1 300.00	9%	117.00
合　　计					￥1 300.00		￥117.00

价税合计（大写）	Ⓧ 壹仟肆佰壹拾柒元整	（小写）　￥1 417.00

销售方	名　　称：深圳东蒿仓储物流公司 纳税人识别号：432356154876546554 地　址、电　话：深圳市坪山新区　0755-87690089 开户行及账号：中国建设银行深圳坪山支行 52201785639277432219	备注	

收款人：　　　　　复核：王源丽　　　　开票人：田少东

凭证 30-25　　中国银行跨行转账电子凭证

电子回单号　2803-4648-6200-1188-7390

付款人	户名	洁佳家免洗拖把制造厂	收款人	户名	冲击力设备制造厂
	账号	52201785667277008021		账号	52201785639277321678
金额（小写）	￥65 827.00		开户行		中国建设银行深圳坪山支行
金额（大写）	人民币陆万伍仟捌佰贰拾柒元整		状态		交易成功
用途	购买拖把胶棉头自动包装机				
	受理日期	2021年12月6日	网银流水号		438750151122
	汇款方式	普通	手续费		0元
	转账方式	实时处理	预约日期		无
	打印次数	1	收款人号码		无
验证码	XXXXXXX				

凭证 30-26　　固定资产卡片

使用部门或车间：半成品一车间　　　2021年12月6日

类别	生产设备	出厂或交接日期	2021年12月6日	预计使用年限	10年
编号	20211201	购入或使用日期	2021年12月7日	预计残值	2 280.00
固定资产名称	拖把胶棉头自动包装机	使用部门	半成品一车间	预计清理费用	零
型号或规格	1008	存放部门	半成品一车间	月折旧率	
生产单位		总价值	58 300.00	折旧方法	年限平均法
增加方式	购入	经手人	汪球球		
大修情况			移动情况		
时间	内容	时间	使用部门	用途	经手人

财务主管：罗成伟　　　　　　审核：丁晓静　　　　　　制单：闫吕婷

工作步骤：根据原始单据填制购买拖把胶棉头自动包装机的记账凭证。

凭证 30-27

记 账 凭 证

年 月 日

摘要	会计科目		借方	贷方	过账√
	总账科目	明细科目	千百十万千百十元角分	千百十万千百十元角分	
合 计					

会计主管：　　　　记账：　　　　审核：　　　　出纳：　　　　制单：

【任务单六】

2021 年 12 月 8 日，公司向新达能商贸有限公司购买拖把桶和堵水塞子，款已付，运费由拖把桶承担。要求：根据原始单据填制购买拖把桶和堵水塞子的记账凭证。

凭证 30-28　　　　电子发票 11

深圳增值税电子专用发票

发票代码：043006500033
发票号码：98345670
开票日期：2021 年 12 月 08 日
校验码：21333 61245 44327 17890

机器编号：710010414004

购买方	名　　　称：洁佳家免洗拖把制造厂
	纳税人识别号：1234561548765432981
	地　址、电　话：深圳市光明新区塘明路 0755-21765432
	开户行及账号：中国银行深圳市光明新区支行 52201785667277008021

密码区：*&^*(&89I28%45*&216+545^)(*&*(%(6^^#%#@#$@342vkh%43223216+5456132415?><$#@$#+68777$+I51#@$@$+I77@+I1vkh%4322361

货物或应税劳务名称	规格型号	单位	数量	单价	金额	税率	税额
拖把桶		个	3 500	25.00	87 500.00	13%	11 375.00
堵水塞子		个	3 500	4.50	15 750.00	13%	2 047.50
合　　计					￥103 250.00		￥13 422.50

价税合计（大写）　Ⓧ 壹拾壹万陆仟陆佰柒拾贰元伍角整　　（小写）￥116 672.50

销售方	名　　　称：新达能商贸有限公司
	纳税人识别号：1294661548765438901
	地　址、电　话：深圳市光明新区公园路 0755-87634188
	开户行及账号：中国工商银行深圳公明支行 52201783264467004621

收款人：　　复核：王晓璐　　开票人：张嘉桦　　备注

凭证 30-29　　　　　　　电子发票 12

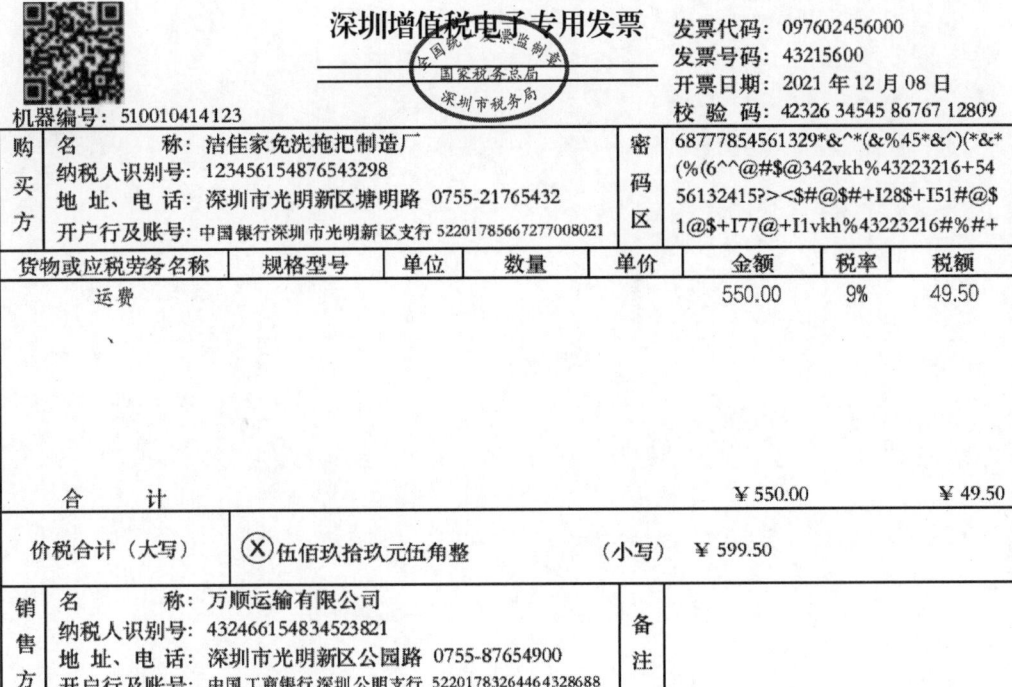

购买方	名　　称	洁佳家免洗拖把制造厂					密码区	68777854561329*&^*(&%45*&^)(*&*(%(6^^@#$@342vkh%43223216+5456132415?><$#@$#+I28$+I51#@$1@$+I77@+I1vkh%43223216#%#+		
	纳税人识别号	123456154876543298								
	地址、电话	深圳市光明新区塘明路 0755-21765432								
	开户行及账号	中国银行深圳市光明新区支行 52201785667277008021								
货物或应税劳务名称	规格型号	单位	数量	单价	金额	税率	税额
运费					550.00	9%	49.50
合　　　计					￥550.00		￥49.50
价税合计（大写）	⊗ 伍佰玖拾玖元伍角整			（小写）	￥599.50		
销售方	名　　称	万顺运输有限公司					备注	
	纳税人识别号	432466154834523821						
	地址、电话	深圳市光明新区公园路 0755-87654900						
	开户行及账号	中国工商银行深圳公明支行 52201783264464328688						

收款人：　　　　复核：张声　　　　开票人：罗恬

凭证 30-30　　　　　　　中国银行跨行转账电子凭证

电子回单号　2003-4648-6200-2676-3210

付款人	户名	洁佳家免洗拖把制造厂	收款人	户名	新达能商贸有限公司
	账号	52201785667277008021		账号	52201783264467004621
金额（小写）		￥117 272.00	开户行		中国工商银行深圳公明支行
金额（大写）		人民币壹拾壹万柒仟贰佰柒拾贰元整	状态		交易成功
用途		购买拖把桶和堵水塞子			
	受理日期	2021 年 12 月 8 日	网银流水号		430450151235
	汇款方式	普通	手续费		0 元
	转账方式	实时处理	预约日期		无
	打印次数	1	收款人号码		无
验证码		XXXXXXX			

工作步骤:根据原始单据填制购买拖把桶和堵水塞子的记账凭证。

凭证 30-31

记 账 凭 证
年 月 日

摘要	会计科目		借方	贷方	过账 √
	总账科目	明细科目	千百十万千百十元角分	千百十万千百十元角分	
	合 计				

会计主管: 　　记账: 　　审核: 　　出纳: 　　制单:

附件 张

【任务单七】

2021年12月8日,公司向世纪天地商贸有限公司购买转头、连接轴和连接弹片,款已付,运费按数量分配。要求:根据原始单据填制购买转头、连接轴和连接弹片的记账凭证。

凭证 30-32　　　　　　　　　电子发票 13

深圳增值税电子专用发票

发票代码: 052002543289
发票号码: 34567812
开票日期: 2021 年 12 月 08 日
校 验 码: 32121 43245 99808 43167

机器编号: 425610410040

购买方	名　　称: 洁佳家免洗拖把制造厂 纳税人识别号: 123456154876543298 地　址、电话: 深圳市光明新区塘明路 0755-21765432 开户行及账号: 中国银行深圳市光明新区支行 52201785667277008021	密码区	16+54561789*&^*(&%45*4322332& ^)(*&*(%(6^^#%#@#$68772@342v kh%43223216+5456132415?><$#@$ #+I28$+I51#@$@$+I77@+I1vkh%

货物或应税劳务名称	规格型号	单位	数量	单价	金额	税率	税额
转头		个	2 000	8.50	17 000.00	13%	2 210.00
连接轴		个	2 100	15.00	31 500.00	13%	4 095.00
连接弹片		个	2 100	5.50	11 550.00	13%	1 501.50
合　计					¥ 60 050.00		¥ 47 806.50

价税合计(大写)	Ⓧ 陆万柒仟捌佰伍拾陆元伍角整	(小写) ¥ 67 856.50

销售方	名　　称: 世纪天地商贸有限公司 纳税人识别号: 76649854876540986 地　址、电话: 深圳市福田区八卦三路 0755-83644338 开户行及账号: 中国工商银行深圳八卦岭支行 52204325667277802144	备注

收款人: 　　　　复核: 陈强　　　　开票人: 刘耀华

凭证 30-33 电子发票 14

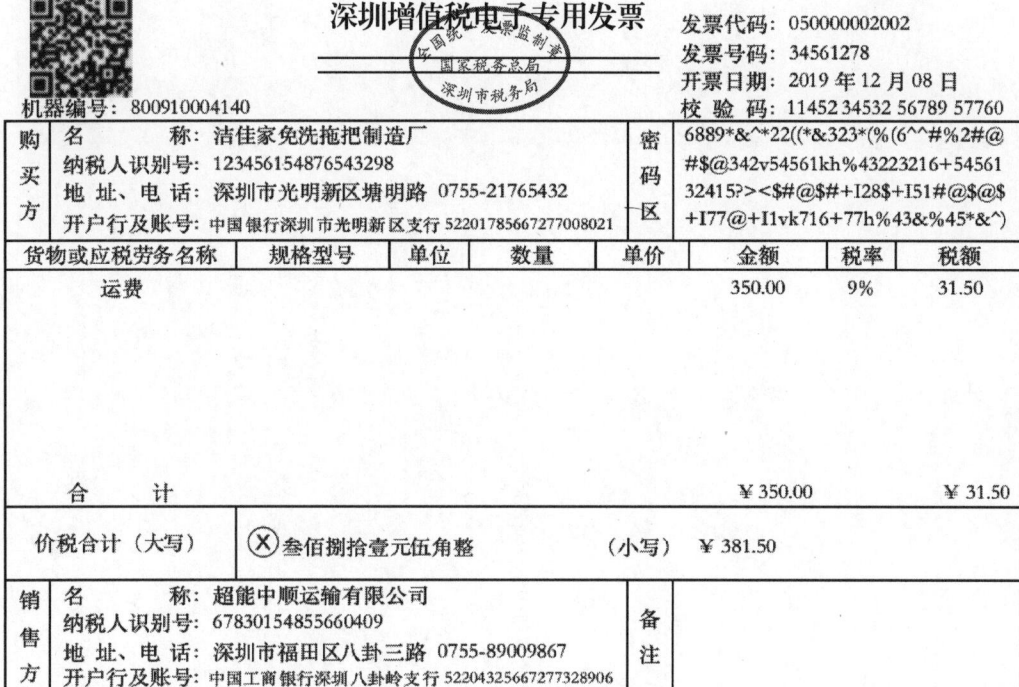

深圳增值税电子专用发票

发票代码：050000002002
发票号码：34561278
开票日期：2019 年 12 月 08 日
校 验 码：11452 34532 56789 57760

机器编号：800910004140

购买方	名 称：洁佳家免洗拖把制造厂
	纳税人识别号：1234561548765 43298
	地 址、电 话：深圳市光明新区塘明路 0755-21765432
	开户行及账号：中国银行深圳市光明新区支行 52201785667277008021

密码区：6889*&^*22((*&323*(%(6^^#%2#@#$@342v54561kh%43223216+5456132415?><$#@$#+I28$+I51#@$@$+I77@+I1vk716+77h%43&%45*&^)

货物或应税劳务名称	规格型号	单位	数量	单价	金额	税率	税额
运费					350.00	9%	31.50
合　　计					￥350.00		￥31.50

价税合计（大写）	⊗ 叁佰捌拾壹元伍角整	（小写）	￥381.50

销售方	名 称：超能中顺运输有限公司	备注
	纳税人识别号：678301548556604 09	
	地 址、电 话：深圳市福田区八卦三路 0755-89009867	
	开户行及账号：中国工商银行深圳八卦岭支行 52204325667277328906	

收款人：　　　复核：张望春　　　开票人：李博

凭证 30-34　　中国银行跨行转账电子凭证

电子回单号　2345-4862-0640-2198-7116

付款人	户名	洁佳家免洗拖把制造厂	收款人	户名	世纪天地商贸有限公司
	账号	52201785667277008021		账号	52204325667277802144
金额（小写）		￥68 238.00	开户行		中国工商银行深圳八卦岭支行
金额（大写）		人民币陆万捌仟贰佰叁拾捌元整	状态		交易成功
用途		购买转头、连接轴和连接弹片			
	受理日期	2021 年 12 月 8 日	网银流水号		400506244501
	汇款方式	普通	手续费		0 元
	转账方式	实时处理	预约日期		无
	打印次数	1	收款人号码		无
验证码		XXXXXXX			

工作步骤：根据原始单据填制购买转头、连接轴和连接弹片的记账凭证。

凭证 30-35

记 账 凭 证

年　月　日

摘要	会计科目		借方	贷方	过账 √
	总账科目	明细科目	千百十万千百十元角分	千百十万千百十元角分	
合计					

附件　张

会计主管：　　　记账：　　　审核：　　　出纳：　　　制单：

【任务单八】

2021 年 12 月 11 日，公司向欣荣商贸有限公司购买一批 U 盘，款已付。要求：根据原始单据填制购买 U 盘的记账凭证。

凭证 30-36　　　　　电子发票 15

深圳增值税电子专用发票

发票代码：045602000598
发票号码：76348978
开票日期：2021 年 12 月 11 日
校 验 码：12456 65409 54545 56091

机器编号：890010445389

购买方	名　　称： 洁佳家免洗拖把制造厂
	纳税人识别号：1234561548765432988
	地　址、电　话：深圳市光明新区塘明路 0755-21765432
	开户行及账号：中国银行深圳市光明新区支行 52201785667277008021

密码区：&^*(&23216+545％45*&^)(*&*(%(6^^#%#@#$@342vkh%43223216+5456132415?><$#@$#+I28$+I51#@$@$+I77@+I1vkh%43261326877789*

货物或应税劳务名称	规格型号	单位	数量	单价	金额	税率	税额
U 盘		个	70	85.00	5 950.00	13%	773.50
合　计					¥ 5 950.00		¥ 773.50

价税合计（大写）	Ⓧ 陆仟柒佰贰拾叁元伍角整	（小写）¥ 6 723.50

销售方	名　　称： 欣荣商贸有限公司	备注
	纳税人识别号：145326720765633277	
	地　址、电　话：深圳市福田区深南中路 0755-82355888	
	开户行及账号：中国建设银行深圳深南支行 52204532667658564437	

收款人：　　　复核：陈家强　　　开票人：刘华

凭证 30-37　　　　　　中国银行跨行转账电子凭证

电子回单号　2003-4648-6200-2116-2698

付款人	户名	洁佳家免洗拖把制造厂	收款人	户名	欣荣商贸有限公司
	账号	52201785667277008021		账号	52204532667658564437
金额（小写）		￥6 723.50		开户行	中国建设银行深圳深南中路支行
金额（大写）		人民币陆仟柒佰贰拾叁元伍角整		状态	交易成功
用途		购买转头、连接轴和连接弹片			
	受理日期	2021年12月11日	网银流水号		438950159213
	汇款方式	普通	手续费		0元
	转账方式	实时处理	预约日期		无
	打印次数	1	收款人号码		无
验证码	XXXXXXX				

工作步骤：根据原始单据填制购买U盘的记账凭证。

凭证 30-38　　　　　　　记　账　凭　证
　　　　　　　　　　　　　年　月　日

摘要	会计科目		借方	贷方	过账 √
	总账科目	明细科目	千百十万千百十元角分	千百十万千百十元角分	
合　　计					

附件　　张

会计主管：　　　　记账：　　　　审核：　　　　出纳：　　　　制单：

【任务单九】

2021年12月31日，公司分别向深圳市自来水公司和深圳市供电公司支付本月水费及电费。要求：根据原始单据编制辅助生产费用分配表，并填制分配水费和电费的记账凭证。

凭证 30-39　　　　　　　电子发票 16

深圳增值税电子专用发票

发票代码：069052008007
发票号码：45671238
开票日期：2021 年 12 月 31 日
校 验 码：12871 34545 59807 50986

机器编号：401041104380

购买方	名　　　称：	洁佳家免洗拖把制造厂					密码区	68342vkh%43223216+5456132415?> <\$#@77789*#\$@\$&#+I28\$+@\$@ \$+I77@+%#@2I1vkh%43^*(&%45* I51#&^)(*&*(%(6^^#43enh@hu4z^		
	纳税人识别号：	123456154876543298								
	地　址、电　话：	深圳市光明新区塘明路　0755-21765432								
	开户行及账号：	中国银行深圳市光明新区支行 52201785667277008021								
货物或应税劳务名称		规格型号	单位	数量	单价	金额		税率	税额	
水费			吨	11 980	3.85	46 123.00		9%	4 151.07	
合　　计						￥46 123.00			￥4 151.07	
价税合计（大写）		⊗ 伍万贰佰柒拾肆元整零柒分				（小写）　￥50 274.07				
销售方	名　　　称：	深圳市自来水公司					备注			
	纳税人识别号：	321256098943298765								
	地　址、电　话：	深圳市福田区园东花园　0755-83980052								
	开户行及账号：	中国银行深圳市园岭支行　52207802117300448568								

收款人：　　　　复核：王华　　　　开票人：刘晓玲

凭证 30-40　　　　　　　电子发票 17

深圳增值税电子专用发票

发票代码：987602987659
发票号码：56781234
开票日期：2021 年 12 月 31 日
校 验 码：17658 98765 67657 78905

机器编号：987610489765

购买方	名　　　称：	洁佳家免洗拖把制造厂					密码区	^*(tfvx3&%4(*&e*4(%(132%#53@q 3w#\$@342vkh%4\$#+I28\$+I51#@\$ @\$+I77@+I1v3225*&^)3216+546^^ #56415?><\$#6877789*&fr@325grc1		
	纳税人识别号：	123456154876543298								
	地　址、电　话：	深圳市光明新区塘明路　0755-21765432								
	开户行及账号：	中国银行深圳市光明新区支行 52201785667277008021								
货物或应税劳务名称		规格型号	单位	数量	单价	金额		税率	税额	
电费			度	71 630	0.59	42 261.70		13%	5 494.02	
合　　计						￥42 261.70			￥5 494.02	
价税合计（大写）		⊗ 肆万柒仟柒佰伍拾伍元柒角贰分				（小写）　￥47 755.72				
销售方	名　　　称：	深圳市供电公司					备注			
	纳税人识别号：	654355098943288990								
	地　址、电　话：	深圳市罗湖区爱国路　0755-83455678								
	开户行及账号：	中国银行深圳万象支行　52207806655300990815								

收款人：　　　　复核：张倩　　　　开票人：王玲

凭证 30-41　　　　　　　　**供电车间及供水车间提供劳务量情况表**

2021 年 5 月

受益车间或部门		供电数量(度)	供水数量(吨)
辅助生产车间	供电车间		780
	供水车间	3 200	
	小计	3 200	780
半成品一车间	抽拉式	8 500	1 750
	旋转式	8 100	1 550
半成品二车间	抽拉式	8 800	1 810
	旋转式	8 150	1 560
成品车间	抽拉式	9 100	1 880
	旋转式	8 310	1 640
小计	抽拉式	26 400	5 440
	旋转式	24 560	4 750
合计		50 960	10 190
管理部门		8 870	510
销售部门		8 600	500
合计		71 630	11 980

财务主管:罗成伟　　　　　　审核:丁晓静　　　　　　制单:闫吕婷

工作步骤 1:根据原始单据编制辅助生产费用分配表 1。

凭证 30-42　　　　　　　　**辅助生产费用分配表 1(交互分配法)**

年　月　日

项目			1 交互分配			2 对外分配		
			供电车间	供水车间	合计	供电车间	供水车间	合计
待分配费用								
提供劳务数量								
费用分配率								
辅助生产车间	供电车间	劳务数量						
		分配金额						
	供水车间	劳务数量						
		分配金额						
	小计							

（续表）

项目			1 交互分配			2 对外分配		
			供电车间	供水车间	合计	供电车间	供水车间	合计
半成品一车间	抽拉式	劳务数量						
		分配金额						
	旋转式	劳务数量						
		分配金额						
半成品二车间	抽拉式	劳务数量						
		分配金额						
	旋转式	劳务数量						
		分配金额						
成品车间	抽拉式	劳务数量						
		分配金额						
	旋转式	劳务数量						
		分配金额						
小计		劳务数量						
		分配金额						
管理部门		劳务数量						
		分配金额						
销售部门		劳务数量						
		分配金额						
合计		劳务数量						
		分配金额						

财务主管： 审核： 制单：

工作步骤 2：根据原始单据及辅助生产费用分配表 1 填制分配水费和电费的记账凭证。

凭证 30-43

记 账 凭 证

年　月　日

摘要	会计科目		借方									贷方									过账 √
	总账科目	明细科目	千	百	十	万	千	百	十	元	角	分	千	百	十	万	千	百	十	元	角	分	
合　计																								

会计主管：　　　记账：　　　审核：　　　出纳：　　　制单：

附件　张

凭证 30-44

记 账 凭 证

年　月　日

摘要	会计科目		借方									贷方									过账 √
	总账科目	明细科目	千	百	十	万	千	百	十	元	角	分	千	百	十	万	千	百	十	元	角	分	
合　计																								

会计主管：　　　记账：　　　审核：　　　出纳：　　　制单：

附件　张

凭证 30-45

记 账 凭 证

年　月　日

摘要	会计科目		借方									贷方									过账 √
	总账科目	明细科目	千	百	十	万	千	百	十	元	角	分	千	百	十	万	千	百	十	元	角	分	
合　计																								

会计主管：　　　记账：　　　审核：　　　出纳：　　　制单：

附件　张

【任务单十】

2021年12月31日,计提本月固定资产折旧。要求:根据固定资产卡片情况汇总表编制固定资产折旧计算表,并填制固定资产折旧的记账凭证。

凭证 30-46　　　　　　　　固定资产卡片情况汇总表

洁佳家免洗拖把制造厂　　　　　　　　金额单位:元

资产名称	资产类型	购入时间	使用或存放部门	单位	数量	单价	入账价值	折旧年限	预计净残值率
缩管机	生产设备	2020年3月1日	半成品一车间	台	2	46 000.00	92 000.00	10	4.00%
海绵拖把咬碎机	生产设备	2020年3月1日	半成品一车间	台	2	8 300.00	16 600.00	10	4.00%
毛绒梳理机	生产设备	2020年3月1日	半成品一车间	台	3	17 000.00	51 000.00	10	4.00%
拖把电热溶胶机	生产设备	2020年12月1日	半成品一车间	台	2	7 200.00	14 400.00	10	4.00%
电脑	办公设备	2020年3月1日	半成品一车间	台	3	5 200.00	15 600.00	5	5.00%
卡车	运输设备	2021年2月1日	半成品一车间	辆	1	189 000.00	189 000.00	4	3.50%
小计					13	—	378 600.00	—	—
缩管机	生产设备	2020年3月1日	半成品二车间	台	2	46 000.00	92 000.00	10	4.00%
海绵拖把咬碎机	生产设备	2020年3月1日	半成品二车间	台	2	8 300.00	16 600.00	10	4.00%
毛绒梳理机	生产设备	2020年3月1日	半成品二车间	台	3	17 000.00	51 000.00	10	4.00%
拖把电热溶胶机	生产设备	2020年12月1日	半成品二车间	台	2	7 200.00	14 400.00	10	4.00%
电脑	办公设备	2020年3月1日	半成品二车间	台	3	5 200.00	15 600.00	5	5.00%
卡车	运输设备	2021年2月1日	半成品二车间	辆	1	189 000.00	189 000.00	4	3.50%
小计					13	—	378 600.00	—	—
拖把杆成型机	生产设备	2020年3月1日	成品车间	台	2	4 200.00	8 400.00	10	4.00%
拖把胶棉头自动包装机	生产设备	2021年12月1日	成品车间	台	1	58 300.00	58 300.00	10	4.00%

（续表）

资产名称	资产类型	购入时间	使用或存放部门	单位	数量	单价	入账价值	折旧年限	预计净残值率
电脑	办公设备	2020年3月1日	成品车间	台	2	5 200.00	10 400.00	5	5.00%
		小计			5	—	77 100.00	—	—
		合计			31	—	834 300.00	—	—
变压器	辅助生产设备	2020年5月1日	供电车间	台	2	18 500.00	37 000.00	10	4.00%
配电柜	辅助生产设备	2020年5月1日	供电车间	台	1	3 200.00	3 200.00	10	4.00%
受电柜	辅助生产设备	2020年5月1日	供电车间	台	1	3 500.00	3 500.00	10	4.00%
		合计			4	—	43 700.00	—	—
水泵机	辅助生产设备	2020年5月1日	供水车间	台	2	22 000.00	44 000.00	10	4.00%
电控柜	辅助生产设备	2020年5月1日	供水车间	台	1	1 650.00	1 650.00	10	4.00%
气压罐	辅助生产设备	2020年5月1日	供水车间	台	1	1 300.00	1 300.00	10	4.00%
		合计			4	—	46 950.00	—	—
电脑	办公设备	2020年4月1日	管理部门	台	3	5 900.00	17 700.00	5	5.00%
打印机	办公设备	2020年4月1日	管理部门	台	1	4 800.00	4 800.00	5	5.00%
碎纸机	办公设备	2020年4月1日	管理部门	台	1	1 600.00	1 600.00	5	5.00%
空调	办公设备	2020年4月1日	管理部门	台	2	8 800.00	17 600.00	5	5.00%
单反相机	办公设备	2020年12月1日	管理部门	台	1	5 400.00	5 400.00	5	5.00%
办公室	房屋	2020年12月1日	管理部门	套	1	570 000.00	570 000.00	20	5.00%
		合计			9	—	617 100.00	—	—
电脑	办公设备	2020年4月1日	销售部门	台	3	5 900.00	17 700.00	5	5.00%
打印机	办公设备	2020年4月1日	销售部门	台	1	4 800.00	4 800.00	5	5.00%
碎纸机	办公设备	2020年4月1日	销售部门	台	1	1 600.00	1 600.00	5	5.00%

（续表）

资产名称	资产类型	购入时间	使用或存放部门	单位	数量	单价	入账价值	折旧年限	预计净残值率
空调	办公设备	2020年4月1日	销售部门	台	2	8 800.00	17 600.00	5	5.00%
合计					7	—	41 700.00	—	—
总计					55	—	1 583 750.00	—	—

财务主管：罗成伟　　　　　　审核：丁晓静　　　　　　制单：闫吕婷

工作步骤1：根据固定资产卡片情况汇总表编制固定资产折旧计算表。

凭证 30—47　　　　　　　固定资产折旧计算表

年　月　日　　　　　　　　　　　　　　　金额单位：元

使用或存放部门	设备类型	设备名称	入账日期	单位	设备原值	折旧年限	残值率	预计净残值	年折旧额	本月计提折旧额	备注
半成品一车间	生产设备	缩管机	2020年3月1日	台							
	生产设备	海绵拖把咬碎机	2020年3月1日	台							
	生产设备	拖把电热溶胶机	2020年12月1日	台							
	办公设备	电脑	2020年3月1日	台							
	运输设备	卡车	2021年2月1日	辆							
	小计										
半成品二车间	生产设备	缩管机	2020年3月1日	台							
	生产设备	海绵拖把咬碎机	2020年3月1日	台							
	生产设备	毛绒梳理机	2020年3月1日	台							
	生产设备	拖把电热溶胶机	2020年12月1日	台							
	办公设备	电脑	2020年3月1日	台							
	运输设备	卡车	2021年2月1日	辆							
	小计										

（续表）

使用或存放部门	设备类型	设备名称	入账日期	单位	设备原值	折旧年限	残值率	预计净残值	年折旧额	本月计提折旧额	备注
成品车间	生产设备	拖把杆成型机	2020年3月1日	台							
	生产设备	拖把胶棉头自动包装机	2021年12月1日	台							
	办公设备	电脑	2020年3月1日	台							
		小计									
		合计									
供电车间	辅助生产设备	变压器	2020年5月1日	台							
	辅助生产设备	配电柜	2020年5月1日	台							
	辅助生产设备	受电柜	2020年5月1日	台							
		小计									
供水车间	辅助生产设备	水泵机	2020年5月1日	台							
	辅助生产设备	电控柜	2020年5月1日	台							
	辅助生产设备	气压罐	2020年5月1日	台							
		小计									
管理部门	办公设备	电脑	2020年4月1日	台							
	办公设备	打印机	2020年4月1日	台							
	办公设备	碎纸机	2020年4月1日	台							
	办公设备	空调	2020年4月1日	台							
	办公设备	单反相机	2020年12月1日	台							
	房屋	办公室	2020年12月1日	套							
		小计									

(续表)

使用或存放部门	设备类型	设备名称	入账日期	单位	设备原值	折旧年限	残值率	预计净残值	年折旧额	本月计提折旧额	备注
销售部门	办公设备	电脑	2020年4月1日	台							
	办公设备	打印机	2020年4月1日	台							
	办公设备	碎纸机	2020年4月1日	台							
	办公设备	空调	2020年4月1日	台							
		小计									
		总计									

财务主管：　　　　　　　审核：　　　　　　　制单：

工作步骤2：根据固定资产折旧计算表编制固定资产折旧计算分配表。

凭证30-48　　　　　　　**固定资产折旧计算分配表**

年　月　日

使用单位	分配标准(生产工时)	分配率	分配金额(元)
半成品一车间——抽拉式	2 250		
半成品一车间——旋转式	2 400		
小计	4 650		
半成品二车间——抽拉式	2 100		
半成品二车间——旋转式	2 050		
小计	4 150		
成品车间——抽拉式	1 870		
成品车间——旋转式	1 880		
小计	3 750		
供电车间	—		
供水车间	—		
管理部门	—		
销售部门	—		
合计			

财务主管：　　　　　　　审核：　　　　　　　制单：

工作步骤3:根据固定资产折旧计算分配表填制固定资产折旧的记账凭证。

凭证 30-49

记 账 凭 证

年　月　日

摘要	会计科目		借方									贷方									过账√
	总账科目	明细科目	千	百	十	万	千	百	十	元	角	分	千	百	十	万	千	百	十	元	角	分	
合　　　计																								

附件　　张

会计主管：　　　　记账：　　　　审核：　　　　出纳：　　　　制单：

凭证 30-50

记 账 凭 证

年　月　日

摘要	会计科目		借方										贷方										过账√
	总账科目	明细科目	千	百	十	万	千	百	十	元	角	分	千	百	十	万	千	百	十	元	角	分	
合　　　计																								

附件　　张

会计主管：　　　　记账：　　　　审核：　　　　出纳：　　　　制单：

凭证 30-51

记 账 凭 证

年　月　日

摘要	会计科目		借方										贷方										过账√
	总账科目	明细科目	千	百	十	万	千	百	十	元	角	分	千	百	十	万	千	百	十	元	角	分	
合　　　计																								

附件　　张

会计主管：　　　　记账：　　　　审核：　　　　出纳：　　　　制单：

【任务单十一】

2021年12月31日,计提本月无形资产摊销。要求:根据无形资产情况汇总编制无形资产摊销计算表,并填制无形资产摊销的记账凭证。

凭证 30-52　　　　　　　　　**无形资产情况汇总表**

美家美户家私制作厂

资产类型	取得时间	使用部门	入账价值	摊销年限	备注
专利权	2020年8月1日	半成品一车间	58 000.00	10	
专利权	2020年8月1日	半成品二车间	61 000.00	10	
专利权	2020年8月1日	成品车间	61 500.00	10	
非专利技术	2020年9月1日	三个生产车间均摊	114 000.00	10	
土地使用权	2020年12月1日	管理部门	310 000.00	35	
合计			604 500.00	—	

财务主管:罗成伟　　　　　　审核:丁晓静　　　　　　制单:闫吕婷

工作步骤1:根据无形资产情况汇总表编制无形资产摊销计算表。

凭证 30-53　　　　　　　　　**无形资产摊销计算表**

年　月　日　　　　　　　　　　　　　　　　单位　元

使用部门	资产类型	入账日期	入账原值	摊销年限	本月计提摊销额	备注
一阶半成品车间	专利权	2020年8月1日				
二阶半成品车间	专利权	2020年8月1日				
成品车间	专利权	2021年1月1日				
生产车间均摊	土地使用权	2021年1月1日				
管理部门	土地使用权	2021年1月1日				
合计						

财务主管:　　　　　　　审核:　　　　　　　制单:

工作步骤2:根据无形资产摊销计算表编制无形资产摊销计算分配表。

凭证 30-54　　　　　　　　　**无形资产摊销计算分配表**

年　月　日

使用单位	分配标准(生产工时)	分配率	分配金额(元)
半成品一车间——抽拉式	2 250		
半成品一车间——旋转式	2 400		
小计	4 650		
半成品二车间——抽拉式	2 100		
半成品二车间——旋转式	2 050		
小计	4 150		

(续表)

使用单位	分配标准(生产工时)	分配率	分配金额(元)
成品车间——抽拉式	1 870		
成品车间——旋转式	1 880		
小计	3 750		
管理部门			
合计			

财务主管：　　　　　　　　　审核：　　　　　　　　　制单：

工作步骤3：根据无形资产摊销计算分配表填制无形资产摊销的记账凭证。

凭证30-55

记 账 凭 证
年　月　日

摘要	会计科目		借方	贷方	过账√
	总账科目	明细科目	千百十万千百十元角分	千百十万千百十元角分	
合　　计					

会计主管：　　　　记账：　　　　审核：　　　　出纳：　　　　制单：

凭证30-56

记 账 凭 证
年　月　日

摘要	会计科目		借方	贷方	过账√
	总账科目	明细科目	千百十万千百十元角分	千百十万千百十元角分	
合　　计					

会计主管：　　　　记账：　　　　审核：　　　　出纳：　　　　制单：

【任务单十二】

2021年12月31日，计算分配本月职工薪酬。要求：根据应付职工薪酬汇总表编制应付职工薪酬分配表，并填制职工薪酬分配的记账凭证。

凭证 30-57

职工薪酬汇总表

2021 年 12 月 31 日

单位：元

部门		员工	基本工资	奖金	餐补	交补	其他	应付职工薪酬	养老保险 8%	失业保险 0.3%	医疗保险 2%	住房公积金 8%	个人所得税	实付职工薪酬
基本生产车间	半成品一车间	生产工人	51 700.00	21 890.00	4 780.00	2 640.00	300.00	81 310.00	6 504.80	243.93	1 626.20	6 504.80	320.00	66 110.27
		管理人员	23 356.00	9 900.00	3 200.00	1 790.00	138.00	38 384.00	3 070.72	115.15	767.68	3 070.72	210.00	31 149.73
	半成品二车间	生产工人	50 390.00	25 600.00	4 890.00	2 550.00	290.00	83 720.00	6 697.60	251.16	1 674.40	6 697.60	280.00	68 119.24
		管理人员	21 080.00	9 500.00	3 300.00	1 800.00	218.00	35 898.00	2 871.84	107.69	717.96	2 871.84	130.00	29 198.67
	成品车间	生产工人	54 420.00	23 250.00	4 800.00	2 790.00	330.00	85 590.00	6 847.20	256.77	1 711.80	6 847.20	295.00	69 632.03
		管理人员	20 200.00	9 050.00	2 400.00	1 650.00	198.00	33 498.00	2 679.84	100.49	669.96	2 679.84	108.00	27 259.87
	小计		221 146.00	99 190.00	23 370.00	13 220.00	1 474.00	358 400.00	28 672.00	1 075.20	7 168.00	28 672.00	1 343.00	291 469.81
辅助生产车间	供电车间		15 600.00	8 900.00	3 500.00	2 300.00	150.00	30 450.00	2 436.00	91.35	609.00	2 436.00	63.00	24 814.65
	供水车间		18 500.00	8 800.00	3 750.00	2 460.00	150.00	33 660.00	2 692.80	100.98	673.20	2 692.80	55.00	27 445.22
	小计		34 100.00	17 700.00	7 250.00	4 760.00	300.00	64 110.00	5 128.80	192.33	1 282.20	5 128.80	118.00	52 259.87
销售部门			91 000.00	77 890.00	18 900.00	8 800.00	2 400.00	198 990.00	15 919.20	596.97	3 979.80	15 919.20	1 090.00	161 484.83
管理部门			82 000.00	42 010.00	16 000.00	7 900.00	1 200.00	149 110.00	11 928.80	447.33	2 982.20	11 928.80	550.00	121 272.87
合计			428 246.00	236 790.00	65 520.00	34 680.00	5 374.00	770 610.00	61 648.80	2 311.83	15 412.20	61 648.80	3 101.00	626 487.38

财务主管：罗成伟　　审核：丁晓静　　制单：闫吕婷

工作步骤1：根据应付职工薪酬汇总表编制应付职工薪酬分配表。

凭证30-58　　　　　　　　　**应付职工薪酬分配表**

年　月　日

员工	使用单位	分配标准(生产工时)	分配率	分配金额(元)
生产工人	半成品一车间——抽拉式	2 250		
	半成品一车间——旋转式	2 400		
	小计	4 650		
生产工人	半成品二车间——抽拉式	2 100		
	半成品二车间——旋转式	2 050		
	小计	4 150		
生产工人	成品车间——抽拉式	1 870		
	成品车间——旋转式	1 880		
	小计	3 750		
管理人员	半成品一车间——抽拉式	2 250		
	半成品一车间——旋转式	2 400		
	小计	4 650		
管理人员	半成品二车间——抽拉式	2 100		
	半成品二车间——旋转式	2 050		
	小计	4 150		
管理人员	成品车间——抽拉式	1 870		
	成品车间——旋转式	1 880		
	小计	3 750	—	
	供电车间	—	—	
	供水车间	—	—	
	销售部门	—	—	
	管理部门	—	—	
	合计		—	

财务主管：　　　　　　　　审核：　　　　　　　　制单：

工作步骤2：根据应付职工薪酬分配表填制职工薪酬分配的记账凭证。

凭证30-59　　　　　　　　　**记　账　凭　证**

年　月　日

摘要	会计科目		借方	贷方	过账√
	总账科目	明细科目	千百十万千百十元角分	千百十万千百十元角分	
	合　　计				

附件　　张

会计主管：　　　记账：　　　审核：　　　出纳：　　　制单：

凭证 30-60

记 账 凭 证
年　月　日

摘要	会计科目		借方										贷方										过账 √
	总账科目	明细科目	千	百	十	万	千	百	十	元	角	分	千	百	十	万	千	百	十	元	角	分	
合　　计																							

会计主管：　　　　记账：　　　　审核：　　　　出纳：　　　　制单：

附件　张

凭证 30-61

记 账 凭 证
年　月　日

摘要	会计科目		借方										贷方										过账 √
	总账科目	明细科目	千	百	十	万	千	百	十	元	角	分	千	百	十	万	千	百	十	元	角	分	
合　　计																							

会计主管：　　　　记账：　　　　审核：　　　　出纳：　　　　制单：

附件　张

【任务单十三】

2021年12月31日，计算分配本月企业应负担的养老保险、医疗保险、失业保险、工伤保险、住房公积金及工会经费（管理部门的金额倒挤）。要求：根据应付职工薪酬汇总表编制社会保险、住房公积金及工会经费计算表和社会保险、住房公积金及工会经费分配表，并填制职工薪酬分配的记账凭证。

凭证 30-62

职工薪酬汇总表

2021 年 12 月 31 日

单位：元

部门		员工	基本工资	奖金	餐补	交补	其他	应付职工薪酬	养老保险 8%	失业保险 0.3%	代扣代缴款项 医疗保险 2%	住房公积金 8%	个人所得税	实付职工薪酬
基本生产车间	半成品一车间	生产工人	51 700.00	21 890.00	4 780.00	2 640.00	300.00	81 310.00	6 504.80	243.93	1 626.20	6 504.80	320.00	66 110.27
		管理人员	23 356.00	9 900.00	3 200.00	1 790.00	138.00	38 384.00	3 070.72	115.15	767.68	3 070.72	210.00	31 149.73
	半成品二车间	生产工人	50 390.00	25 600.00	4 890.00	2 550.00	290.00	83 720.00	6 697.60	251.16	1 674.40	6 697.60	280.00	68 119.24
		管理人员	21 080.00	9 500.00	3 300.00	1 800.00	218.00	35 898.00	2 871.84	107.69	717.96	2 871.84	130.00	29 198.67
	成品车间	生产工人	54 420.00	23 250.00	4 800.00	2 790.00	330.00	85 590.00	6 847.20	256.77	1 711.80	6 847.20	295.00	69 632.03
		管理人员	20 200.00	9 050.00	2 400.00	1 650.00	198.00	33 498.00	2 679.84	100.49	669.96	2 679.84	108.00	27 259.87
	小计		221 146.00	99 190.00	23 370.00	13 220.00	1 474.00	358 400.00	28 672.00	1 075.20	7 168.00	28 672.00	1 343.00	291 469.81
辅助生产车间	供电车间		15 600.00	8 900.00	3 500.00	2 300.00	150.00	30 450.00	2 436.00	91.35	609.00	2 436.00	63.00	24 814.65
	供水车间		18 500.00	8 800.00	3 750.00	2 460.00	150.00	33 660.00	2 692.80	100.98	673.20	2 692.80	55.00	27 445.22
	小计		34 100.00	17 700.00	7 250.00	4 760.00	300.00	64 110.00	5 128.80	192.33	1 282.20	5 128.80	118.00	52 259.87
销售部门			91 000.00	77 890.00	18 900.00	8 800.00	2 400.00	198 990.00	15 919.20	596.97	3 979.80	15 919.20	1 090.00	161 484.83
管理部门			82 000.00	42 010.00	16 000.00	7 900.00	1 200.00	149 110.00	11 928.80	447.33	2 982.20	11 928.80	550.00	121 272.87
合计			428 246.00	236 790.00	65 520.00	34 680.00	5 374.00	770 610.00	61 648.80	2 311.83	15 412.20	61 648.80	3 101.00	626 487.38

财务主管：罗成伟　　审核：丁晓静　　制单：闫吕婷

工作步骤1：根据应付职工薪酬汇总表编制社会保险、住房公积金及工会经费计算表。

凭证 30-63　　　　　　社会保险、住房公积金及工会经费计算表

年　月　日　　　　　　　　　　　　　　　　　　　单位：元

部门		员工	应付职工薪酬	养老保险费 14%	医疗保险费 5.2%	失业保险费 0.7%	工伤保险费 0.28%	住房公积金 8%	工会经费 2%	合计
基本生产车间	半成品一车间	生产工人								
		管理人员								
	半成品二车间	生产工人								
		管理人员								
	成品车间	生产工人								
		管理人员								
	小计									
辅助生产车间	供电车间									
	供水车间									
	小计									
销售部门										
管理部门										
合计										

财务主管：　　　　　　　　审核：　　　　　　　　　　　制单：

工作步骤2：根据社会保险、住房公积金及工会经费计算表编制社会保险、住房公积金及工会经费分配表。

凭证 30-64　　　　　　社会保险、住房公积金及工会经费分配表

年　月　日

员工	使用单位	分配标准（生产工时）	分配率	分配金额（元）
生产工人	半成品一车间——抽拉式	2 250		
	半成品一车间——旋转式	2 400		
	小计	4 650		
生产工人	半成品二车间——抽拉式	2 100		
	半成品二车间——旋转式	2 050		
	小计	4 150		

(续表)

员工	使用单位	分配标准(生产工时)	分配率	分配金额(元)
生产工人	成品车间——抽拉式	1 870		
	成品车间——旋转式	1 880		
	小计	3 750		
管理人员	半成品一车间——抽拉式	2 250		
	半成品一车间——旋转式	2 400		
	小计	4 650		
管理人员	半成品二车间——抽拉式	2 100		
	半成品二车间——旋转式	2 050		
	小计	4 150		
管理人员	成品车间——抽拉式	1 870		
	成品车间——旋转式	1 880		
	小计	3 750		
	供电车间	—		
	供水车间	—		
	小计	—		
	销售部门	—		
	管理部门	—		
	合计			

财务主管： 审核： 制单：

工作步骤3：根据社会保险、住房公积金及工会经费分配表填制职工薪酬分配的记账凭证。

凭证30-65

记 账 凭 证
年 月 日

摘要	会计科目		借方	贷方	过账√
	总账科目	明细科目	千百十万千百十元角分	千百十万千百十元角分	
	合 计				

会计主管： 记账： 审核： 出纳： 制单：

凭证 30-66

记 账 凭 证

年　月　日

摘要	会计科目		借方									贷方									过账 √
	总账科目	明细科目	千	百	十	万	千	百	十	元	角	分	千	百	十	万	千	百	十	元	角	分	
合　　　计																							

附件　　张

会计主管：　　　　记账：　　　　审核：　　　　出纳：　　　　制单：

凭证 30-67

记 账 凭 证

年　月　日

摘要	会计科目		借方									贷方									过账 √
	总账科目	明细科目	千	百	十	万	千	百	十	元	角	分	千	百	十	万	千	百	十	元	角	分	
合　　　计																							

附件　　张

会计主管：　　　　记账：　　　　审核：　　　　出纳：　　　　制单：

凭证 30-68

记 账 凭 证

年　月　日

摘要	会计科目		借方									贷方									过账 √
	总账科目	明细科目	千	百	十	万	千	百	十	元	角	分	千	百	十	万	千	百	十	元	角	分	
合　　　计																							

附件　　张

会计主管：　　　　记账：　　　　审核：　　　　出纳：　　　　制单：

【任务单十四】

2021年12月31日,分配本月公司为元旦节发放的食用油福利。要求:根据原始单据编制职工福利费分配表并填制分配福利费的记账凭证。

凭证 30-69　　　　　电子发票 18

深圳增值税电子专用发票

发票代码:054530000980
发票号码:12356784
开票日期:2021年12月31日
校验码:43265 34545 60089 57908

机器编号:430090404109

购买方	名　　称	洁佳家免洗拖把制造厂			密码区	6+54577789*&^*(&^)(*&*(%(6^^#%#@#$@342vkh%43223216+5456132415?><$68322321#@$#+I28$+I51#@$@$+I77@&%45*+I1vkh%46132		
	纳税人识别号	123456154876543298						
	地　址、电　话	深圳市光明新区塘明路 0755-21765432						
	开户行及账号	中国银行深圳市光明新区支行 52201785667277008021						
货物或应税劳务名称	规格型号	单位	数量	单价	金额	税率	税额
食用油		桶	168	85.00	14 280.00	13%	1 856.40
合　　　计					¥14 280.00		¥1 856.40
价税合计(大写)	(X) 壹万陆仟壹佰叁拾陆元肆角整				(小写) ¥16 136.40		
销售方	名　　称	福旺食用油制造有限公司			备注		
	纳税人识别号	176456543298154876					
	地　址、电　话	深圳市香林路时代科技大厦 0755-99827590					
	开户行及账号	中国工商银行深圳市东海支行 52204480212563371700					

收款人:　　　复核:赵明华　　　开票人:陈倩

凭证 30-70　　　　　中国银行跨行转账电子凭证

电子回单号　2003-4648-6200-3716-3215

付款人	户名	洁佳家免洗拖把制造厂	收款人	户名	福旺食用油制造有限公司
	账号	52201785667277008021		账号	52204480212563371700
金额(小写)		¥16 136.40	开户行		中国工商银行深圳市东海支行
金额(大写)		人民币壹万陆仟壹佰叁拾陆元肆角整	状态		交易成功
用途		购买食用油			
	受理日期	2021年12月31日	网银流水号		004501450573
	汇款方式	普通	手续费		0元
	转账方式	实时处理	预约日期		无
	打印次数	1	收款人号码		无
验证码	XXXXXXX				

凭证 30-71　　　　　　　　　　**各部门员工人数情况表**

2021 年 12 月

部门	员工	人数
半成品一车间	生产工人	11
	管理人员	4
半成品二车间	生产工人	10
	管理人员	5
成品车间	生产工人	12
	管理人员	4
供电车间		6
供水车间		7
销售部门		13
管理部门		12
合计		84

审核:丁晓静　　　　　　　　　　　　　　　　　　　　　　　　　制单:闫吕婷

工作步骤 1:根据原始单据编制职工福利费计算表。

凭证 30-72　　　　　　　　　　**职工福利费计算表**

年　　月　　日

受益车间	员工	员工人数	分配金额	分配合计
半成品一车间	生产工人			
	管理人员			
小计				
半成品二车间	生产工人			
	管理人员			
小计				
成品车间	生产工人			
	管理人员			
小计				
供电车间				
供水车间				
销售部门				
管理部门				
合计				

财务主管:　　　　　　　　　　审核:　　　　　　　　　　　　制单:

工作步骤2:根据职工福利费计算表编制职工福利费分配表。

凭证30-73　　　　　　　　　　职工福利费分配表

2021年12月31日

员工	使用单位	分配标准(生产工时)	分配率	分配金额(元)
生产工人	半成品一车间——抽拉式	2 250		
	半成品一车间——旋转式	2 400		
	小计	4 650		
生产工人	半成品二车间——抽拉式	2 100		
	半成品二车间——旋转式	2 050		
	小计	4 150		
生产工人	成品车间——抽拉式	1 870		
	成品车间——旋转式	1 880		
	小计	3 750		
管理人员	半成品一车间——抽拉式	2 250		
	半成品一车间——旋转式	2 400		
	小计	4 650		
管理人员	半成品二车间——抽拉式	2 100		
	半成品二车间——旋转式	2 050		
	小计	4 150		
管理人员	成品车间——抽拉式	1 870		
	成品车间——旋转式	1 880		
	小计	3 750		
	供电车间	—	—	
	供水车间	—	—	
	销售部门	—	—	
	管理部门	—	—	
	合计	—		

财务主管：　　　　　　　　　　审核：　　　　　　　　　　制单：

工作步骤3：根据职工福利费分配表填制分配福利费的记账凭证。

凭证 30-74

记 账 凭 证

年　月　日

摘要	会计科目		借方									贷方									过账 √
	总账科目	明细科目	千	百	十	万	千	百	十	元	角	分	千	百	十	万	千	百	十	元	角	分	
合　　　计																							

附件　　张

会计主管：　　　记账：　　　审核：　　　出纳：　　　制单：

凭证 30-75

记 账 凭 证

年　月　日

摘要	会计科目		借方									贷方									过账 √
	总账科目	明细科目	千	百	十	万	千	百	十	元	角	分	千	百	十	万	千	百	十	元	角	分	
合　　　计																							

附件　　张

会计主管：　　　记账：　　　审核：　　　出纳：　　　制单：

凭证 30-76

记 账 凭 证

年　月　日

摘要	会计科目		借方									贷方									过账 √
	总账科目	明细科目	千	百	十	万	千	百	十	元	角	分	千	百	十	万	千	百	十	元	角	分	
合　　　计																							

附件　　张

会计主管：　　　记账：　　　审核：　　　出纳：　　　制单：

【任务单十五】

2021年12月31日,公司聘请专家对生产车间工人及管理人员进行业务培训。此次培训费按人均320.00元收取。要求:根据原始单据编制职工教育经费分配表并填制分配职工教育经费的记账凭证。

凭证 30-77　　　　　　　　**公司在岗职工培训费汇总表**

2021年12月31日

车间或部门	职工性质	人数	人均	金额
半成品一车间	生产工人	11	320.00	3 520.00
	管理人员	4		1 280.00
小计		15	—	4 800.00
半成品二车间	生产工人	10	320.00	3 200.00
	管理人员	5		1 600.00
小计		15	—	4 800.00
成品车间	生产工人	12	320.00	3 840.00
	管理人员	4		1 280.00
小计		16	—	5 120.00
生产工人		33	—	10 560.00
管理人员		13	—	4 160.00
合计		46	—	14 720.00

财务主管:罗成伟　　　　　　审核:丁晓静　　　　　　制单:闫吕婷

工作步骤1:根据原始单据编制职工教育经费分配表。

凭证 30-78　　　　　　　　**职工教育经费分配表**

年　月　日

员工	使用单位	分配标准(生产工时)	分配率	分配金额(元)
生产工人	半成品一车间——抽拉式	2 250		
	半成品一车间——旋转式	2 400		
	小计	4 650		
生产工人	半成品二车间——抽拉式	2 100		
	半成品二车间——旋转式	2 050		
	小计	4 150		
生产工人	成品车间——抽拉式	1 870		
	成品车间——旋转式	1 880		
	小计	3 750		

(续表)

员工	使用单位	分配标准(生产工时)	分配率	分配金额(元)
管理人员	半成品一车间——抽拉式	2 250		
	半成品一车间——旋转式	2 400		
	小计	4 650		
管理人员	半成品二车间——抽拉式	2 100		
	半成品二车间——旋转式	2 050		
	小计	4 150		
管理人员	成品车间——抽拉式	1 870		
	成品车间——旋转式	1 880		
	小计	3 750		
	合计			

财务主管： 审核： 制单：

工作步骤2：根据职工教育经费分配表填制分配职工教育经费的记账凭证。

凭证 30-79　　　　　　　　　　记 账 凭 证
　　　　　　　　　　　　　　　　年　月　日

摘要	会计科目		借方	贷方	过账√
	总账科目	明细科目	千百十万千百十元角分	千百十万千百十元角分	
合　　计					

附件　　张

会计主管： 记账： 审核： 出纳： 制单：

凭证 30-80　　　　　　　　　　记 账 凭 证
　　　　　　　　　　　　　　　　年　月　日

摘要	会计科目		借方	贷方	过账√
	总账科目	明细科目	千百十万千百十元角分	千百十万千百十元角分	
合　　计					

附件　　张

会计主管： 记账： 审核： 出纳： 制单：

凭证 30-81

记 账 凭 证

年 月 日

摘要	会计科目		借方										贷方										过账 √
	总账科目	明细科目	千	百	十	万	千	百	十	元	角	分	千	百	十	万	千	百	十	元	角	分	
合 计																							

附件　张

会计主管：　　　　记账：　　　　审核：　　　　出纳：　　　　制单：

【任务单十六】

2021年12月31日，结转本月购入原材料及低值易耗品的入库成本。要求：根据本月采购原材料及低值易耗品的采购入库单，编制入库材料情况汇总表及填制结转入库的记账凭证。

凭证 30-82　　　　　　　　　　采购入库单

　　　　　　　　2021 年 12 月 5 日　　　　　　　　　　编码：202112001

材料名称	规格型号	计量单位	数量
纤维布条		块	4 500
实际单价	实际材料金额	运费	实际材料总成本
13.50	60 750.00	230.00	60 980.00
计划单价		计划材料总成本	
销货方		满江红家居公司	

仓库管理员：王吕峰　　　　　　　　　　　　　　　　购货经办人：汪球球

凭证 30-83　　　　　　　　　　采购入库单

　　　　　　　　2021 年 12 月 6 日　　　　　　　　　　编码：202112002

材料名称	规格型号	计量单位	数量
拖把杆		个	3 000
实际单价	实际材料金额	运费	实际材料总成本
12.80	38 400.00	150.00	38 550.00
计划单价		计划材料总成本	
销货方		洁美能商贸有限公司	

仓库管理员：王吕峰　　　　　　　　　　　　　　　　购货经办人：汪球球

凭证 30-84

采购入库单

2021 年 12 月 6 日　　　　　　　　　　　　　编码:202112003

材料名称	规格型号	计量单位	数量
底板		个	3 000
实际单价	实际材料金额	运费	实际材料总成本
17.50	52 500.00	150.00	52 650.00
计划单价		计划材料总成本	
销货方	洁美能商贸有限公司		

仓库管理员:王吕峰　　　　　　　　　　　　　　　购货经办人:汪球球

凭证 30-85

采购入库单

2021 年 12 月 8 日　　　　　　　　　　　　　编码:202112004

材料名称	规格型号	计量单位	数量
拖把桶		个	3 500
实际单价	实际材料金额	运费	实际材料总成本
25.00	87 500.00	550.00	88 050.00
计划单价		计划材料总成本	
销货方	新达能商贸有限公司		

仓库管理员:王吕峰　　　　　　　　　　　　　　　购货经办人:汪球球

凭证 30-86

采购入库单

2021 年 12 月 8 日　　　　　　　　　　　　　编码:202112005

材料名称	规格型号	计量单位	数量
堵水塞子		个	3 500
实际单价	实际材料金额	运费	实际材料总成本
4.50	15 750.00		15 750.00
计划单价		计划材料总成本	
销货方	新达能商贸有限公司		

仓库管理员:王吕峰　　　　　　　　　　　　　　　购货经办人:汪球球

凭证 30-87

采购入库单

2021 年 12 月 8 日　　　　　　　　　　　　　　　编码：202112006

材料名称	规格型号	计量单位	数量
转头		个	2 000
实际单价	实际材料金额	运费	实际材料总成本
8.50	17 000.00	112.00	17 112.00
计划单价		计划材料总成本	
销货方	世纪天地商贸有限公司		

仓库管理员：王吕峰　　　　　　　　　　　　　　　　购货经办人：汪球球

凭证 30-88

采购入库单

2021 年 12 月 8 日　　　　　　　　　　　　　　　编码：202112007

材料名称	规格型号	计量单位	数量
连接轴		个	2 100
实际单价	实际材料金额	运费	实际材料总成本
15.00	31 500.00	119.00	31 619.00
计划单价		计划材料总成本	
销货方	世纪天地商贸有限公司		

仓库管理员：王吕峰　　　　　　　　　　　　　　　　购货经办人：汪球球

凭证 30-89

采购入库单

2021 年 12 月 8 日　　　　　　　　　　　　　　　编码：202112008

材料名称	规格型号	计量单位	数量
连接弹片		个	2 100
实际单价	实际材料金额	运费	实际材料总成本
5.50	11 550.00	119.00	11 669.00
计划单价		计划材料总成本	
销货方	世纪天地商贸有限公司		

仓库管理员：王吕峰　　　　　　　　　　　　　　　　购货经办人：汪球球

凭证 30-90　　　　　　　　　　**采购入库单**

2021 年 12 月 11 日　　　　　　　　　　　　编码：202112009

材料名称	规格型号	计量单位	数量
U 盘		个	70
实际单价	实际材料金额	运费	实际材料总成本
85.00	5 950.00		5 950.00
计划单价		计划材料总成本	
销货方	欣荣商贸有限公司		

仓库管理员：王吕峰　　　　　　　　　　　　　　　　购货经办人：汪球球

工作步骤 1：根据本月采购原材料的采购入库单，编制入库材料情况汇总表。

凭证 30-91　　　　　　　　**入库材料情况汇总表**

年　月　日

序号	材料名称	计量单位	数量	实际单价	运费	实际材料总成本	含运费单价
1	纤维布条	块					
2	拖把杆	个					
3	底板	个					
4	拖把桶	个					
5	堵水塞子	个					
6	转头	个					
7	连接轴	个					
8	连接弹片	个					
9	U 盘	个					
合计							

财务主管：　　　　　　　　审核：　　　　　　　　制单：

工作步骤 2：根据入库材料情况汇总表填制结转入库的记账凭证。

凭证 30-92

记 账 凭 证
年　月　日

摘要	会计科目		借方									贷方									过账√
	总账科目	明细科目	千	百	十	万	千	百	十	元	角	分	千	百	十	万	千	百	十	元	角	分	
合　　　计																							

附件　　张

会计主管：　　　　记账：　　　　审核：　　　　出纳：　　　　制单：

凭证 30-93

记 账 凭 证
年　月　日

摘要	会计科目		借方									贷方									过账√
	总账科目	明细科目	千	百	十	万	千	百	十	元	角	分	千	百	十	万	千	百	十	元	角	分	
合　　　计																							

附件　　张

会计主管：　　　　记账：　　　　审核：　　　　出纳：　　　　制单：

凭证 30-94

记 账 凭 证
年　月　日

摘要	会计科目		借方									贷方									过账√
	总账科目	明细科目	千	百	十	万	千	百	十	元	角	分	千	百	十	万	千	百	十	元	角	分	
合　　　计																							

附件　　张

会计主管：　　　　记账：　　　　审核：　　　　出纳：　　　　制单：

凭证 30-95

记 账 凭 证

年　月　日

摘要	会计科目		借方									贷方									过账√
	总账科目	明细科目	千	百	十	万	千	百	十	元	角	分	千	百	十	万	千	百	十	元	角	分	
合　　计																							

附件　　张

会计主管：　　　记账：　　　审核：　　　出纳：　　　制单：

【任务单十七】

2021年12月31日，结转本月原材料及低值易耗品的发出成本。要求：根据本月的原材料领料单，编制原材料及低值易耗品发出汇总表、原材料及低值易耗品发出分配表并填制结转发出原材料及低值易耗品的记账凭证。（尾插倒挤入旋转式连接弹片）

凭证 30-96

领料单

2021 年 12 月 2 日

领料车间：半成品一车间
用途：生产半成品抽拉式、旋转式　　　　　　　　　　编码：001

材料类型	材料名称	规格	计量单位	实际单价	数量		实际成本
					请领	实发	
原材料	纤维布条		块	13.55	2 000	2 000	27 100.00
原材料	拖把杆		个	12.85	1 400	1 400	17 990.00
原材料	底板		个	17.55	1 400	1 400	24 570.00
原材料	拖把桶		个	25.16	1 500	1 500	37 740.00
合计				—	—	—	107 400.00

仓库主管：周利兵　　　仓库管理员：王吕峰　　　领料人：赵子晴

凭证 30-97

领料单
2021 年 12 月 2 日

领料车间:半成品一车间

用途:生产半成品抽拉式、旋转式　　　　　　　　　　　　　　　　　　编码:002

材料类型	材料名称	规格	计量单位	实际单价	数量		实际成本
					请领	实发	
原材料	堵水塞子		个	4.50	1 500	1 500	6 750.00
原材料	转头		个	8.56	1 000	1 000	8 560.00
原材料	连接轴		个	15.06	900	900	13 554.00
原材料	连接弹片		个	5.56	1 000	1 000	5 560.00
合计			—	—	—	—	34 424.00

仓库主管:周利兵　　　　　　仓库管理员:王吕峰　　　　　　领料人:赵子晴

凭证 30-98

领料单
2021 年 12 月 2 日

领料车间:半成品一车间

用途:生产半成品抽拉式管理用　　　　　　　　　　　　　　　　　　编码:003

材料类型	材料名称	规格	计量单位	实际单价	数量		实际成本
					请领	实发	
原材料	U 盘		个	85.00	2	2	170.00
合计			—	—	—	—	170.00

仓库主管:周利兵　　　　　　仓库管理员:王吕峰　　　　　　领料人:赵子晴

凭证 30-99

领料单
2021 年 12 月 12 日

领料车间:半成品一车间

用途:生产半成品抽拉式、旋转式　　　　　　　　　　　　　　　　　　编码:004

材料类型	材料名称	规格	计量单位	实际单价	数量		实际成本
					请领	实发	
原材料	纤维布条		块	13.55	2 200	2 200	29 810.00
原材料	拖把杆		个	12.85	1 400	1 400	17 990.00
原材料	底板		个	17.55	1 300	1 300	22 815.00
原材料	拖把桶		个	25.16	1 600	1 600	40 256.00
合计			—	—	—	—	110 871.00

仓库主管:周利兵　　　　　　仓库管理员:王吕峰　　　　　　领料人:赵子晴

凭证 30-100　　　　　　　　　　　　**领料单**

2021 年 12 月 12 日

领料车间:半成品一车间

用途:生产半成品抽拉式、旋转式　　　　　　　　　　　　　　　　　　编码:005

材料类型	材料名称	规格	计量单位	实际单价	数量		实际成本
					请领	实发	
原材料	堵水塞子		个	4.50	1 500	1 500	6 750.00
原材料	转头		个	8.56	800	800	6 848.00
原材料	连接轴		个	15.06	900	900	13 554.00
原材料	连接弹片		个	5.56	1 000	1 000	5 560.00
合计			—	—	—	—	32 712.00

仓库主管:周利兵　　　　　　　仓库管理员:王吕峰　　　　　　　领料人:赵子晴

凭证 30-101　　　　　　　　　　　　**领料单**

2021 年 12 月 12 日

领料车间:半成品一车间

用途:生产半成品旋转式管理用　　　　　　　　　　　　　　　　　　编码:006

材料类型	材料名称	规格	计量单位	实际单价	数量		实际成本
					请领	实发	
原材料	U 盘		个	85.00	2	2	170.00
合计			—	—	—	—	170.00

仓库主管:周利兵　　　　　　　仓库管理员:王吕峰　　　　　　　领料人:赵子晴

　　工作步骤 1:根据本月原材料的领料单,编制原材料及低值易耗品发出情况表。

凭证 30-102　　　　　　　**原材料发出情况表**

年　　月　　日

材料名称	计量单位	实际单价	半成品一车间——生产半成品抽拉式、旋转式	
			数量	金额
纤维布条	块			
拖把杆	个			
底板	个			
拖把桶	个			
堵水塞子	个			
转头	个			

(续表)

材料名称	计量单位	实际单价	半成品一车间——生产半成品抽拉式、旋转式	
			数量	金额
连接轴	个			
连接弹片	个			
合计				

财务主管：　　　　　　　审核：　　　　　　　制单：

凭证 30-103　　　　　　**低值易耗品发出情况表**

年　月　日

材料名称	计量单位	实际单价	半成品一车间——生产半成品抽拉式、旋转式	
			数量	金额
U 盘	个			
合计				

财务主管：　　　　　　　审核：　　　　　　　制单：

工作步骤 2：根据原材料及低值易耗品发出情况表，编制原材料发出分配表。

凭证 30-104　　　　　　**原材料发出分配表**

年　月　日

车间	产品名称	材料名称	本月生产数量	单位消耗定额	单价	定额费用	分配率	分配金额
半成品一车间共耗	抽拉式	纤维布条	4 300	2				
		拖把杆	4 300	1				
		底板	4 300	2				
		拖把桶	4 300	1				
		堵水塞子	4 300	2				
		转头	4 300	2				
		连接轴	4 300	2				
		连接弹片	4 300	2				
	小计		—	—				
	旋转式	纤维布条	4 500	3				
		拖把杆	4 500	1				
		底板	4 500	1				
		拖把桶	4 500	1				
		堵水塞子	4 500	3				
		转头	4 500	1				
		连接轴	4 500	1				
		连接弹片	4 500	1				
	小计		—	—				
	合计		—	—				

财务主管：　　　　　　　审核：　　　　　　　制单：

工作步骤3：根据低值易耗品发出情况表和原材料发出分配表，填制结转发出原材料及低值易耗品的记账凭证。

凭证30-105

记 账 凭 证

年　月　日

摘要	会计科目		借方										贷方										过账√
	总账科目	明细科目	千	百	十	万	千	百	十	元	角	分	千	百	十	万	千	百	十	元	角	分	
合　　计																								

会计主管：　　　　记账：　　　　审核：　　　　出纳：　　　　制单：

附件　　张

凭证30-106

记 账 凭 证

年　月　日

摘要	会计科目		借方										贷方										过账√
	总账科目	明细科目	千	百	十	万	千	百	十	元	角	分	千	百	十	万	千	百	十	元	角	分	
合　　计																								

会计主管：　　　　记账：　　　　审核：　　　　出纳：　　　　制单：

附件　　张

【任务单十八】

2021年12月31日，结合本月任务，汇总本月辅助生产成本，然后编制辅助生产费用分配表，并填制本月结转辅助生产成本的记账凭证。要求：计算汇总本月辅助生产成本，编制辅助生产费用分配表，并填制本月结转辅助生产成本的记账凭证。（费用分配率保留四位小数）

凭证 30-107　　　　　供电车间及供水车间提供劳务量情况表

2021 年 12 月

受益车间或部门		供电数量(度)	供水数量(吨)
辅助生产车间	供电车间		780
	供水车间	3 200	
	小计	3 200	780
半成品一车间	抽拉式	8 500	1 750
	旋转式	8 100	1 550
半成品二车间	抽拉式	8 800	1 810
	旋转式	8 150	1 560
成品车间	抽拉式	9 100	1 880
	旋转式	8 310	1 640
小计	抽拉式	26 400	5 440
	旋转式	24 560	4 750
合计		50 960	10 190
管理部门		8 870	510
销售部门		8 600	500
合计		71 630	11 980

财务主管：罗成伟　　　　　　审核：丁晓静　　　　　　制单：闫吕婷

工作步骤1：计算汇总本月辅助生产成本，编制辅助生产成本发生情况汇总表。

凭证 30-108　　　　　辅助生产成本发生情况汇总表

年　月　日

发生车间		发生项目	发生金额(元)
辅助生产车间	供电车间	办公费	
		固定资产折旧	
		职工工资	
		社保、住房公积金及工会经费	
		职工福利费	
		小计	
	供水车间	办公费	
		固定资产折旧	
		职工工资	
		社保、住房公积金及工会经费	
		职工福利费	
		小计	
		合计	

财务主管：　　　　　　审核：　　　　　　制单：

工作步骤2：根据辅助生产成本发生情况汇总表及供电车间和供水车间提供劳务情况表，编制辅助生产费用分配表2。（费用分配率保留四位小数）

凭证 30-109　　　　　　　　**辅助生产费用分配表2（交互分配法）**

年　月　日

项目			1 交互分配			2 对外分配		
			供电车间	供水车间	合计	供电车间	供水车间	合计
待分配费用								
提供劳务数量								
费用分配率								
辅助生产车间	供电车间	劳务数量						
		分配金额						
	供水车间	劳务数量						
		分配金额						
小计								
半成品一车间	抽拉式	劳务数量						
		分配金额						
	旋转式	劳务数量						
		分配金额						
半成品二车间	抽拉式	劳务数量						
		分配金额						
	旋转式	劳务数量						
		分配金额						
成品车间	抽拉式	劳务数量						
		分配金额						
	旋转式	劳务数量						
		分配金额						
小计		劳务数量						
		分配金额						
管理部门		劳务数量						
		分配金额						
销售部门		劳务数量						
		分配金额						
合计		劳务数量						
		分配金额						

财务主管：　　　　　　　　　　　　审核：　　　　　　　　　　　　制单：

工作步骤3：根据辅助生产费用分配表2填制本月结转辅助生产成本的记账凭证。

凭证 30-110　　　　　　　　　　记　账　凭　证
　　　　　　　　　　　　　　　　　　年　月　日

摘要	会计科目		借方	贷方	过账
	总账科目	明细科目	千百十万千百十元角分	千百十万千百十元角分	√
合　　计					

会计主管：　　　　　记账：　　　　　审核：　　　　　出纳：　　　　　制单：

凭证 30-111　　　　　　　　　　记　账　凭　证
　　　　　　　　　　　　　　　　　　年　月　日

摘要	会计科目		借方	贷方	过账
	总账科目	明细科目	千百十万千百十元角分	千百十万千百十元角分	√
合　　计					

会计主管：　　　　　记账：　　　　　审核：　　　　　出纳：　　　　　制单：

凭证 30-112　　　　　　　　　　记　账　凭　证
　　　　　　　　　　　　　　　　　　年　月　日

摘要	会计科目		借方	贷方	过账
	总账科目	明细科目	千百十万千百十元角分	千百十万千百十元角分	√
合　　计					

会计主管：　　　　　记账：　　　　　审核：　　　　　出纳：　　　　　制单：

【任务单十九】

2021年12月31日,结合本月任务,分别汇总半成品一车间、半成品二车间和成品车间本月制造费用,并填制本月各车间制造费用的记账凭证。要求:汇总半成品一车间、半成品二车间和成品车间本月制造费用,并填制本月各车间制造费用的记账凭证。(尾差倒挤入最后一个产品)

工作步骤1:计算汇总本月半成品一车间制造费用,编制半成品一车间制造费用发生情况汇总表。

凭证30-113　　　半成品一车间抽拉式制造费用发生情况汇总表

年　月　日

发生项目	发生金额(元)
设计费	
办公费	
水电费	
固定资产折旧费	
无形资产摊销费	
职工薪酬	
社保、住房公积金及工会经费	
职工福利费	
职工教育经费	
辅助生产成本转入	
合计	

财务主管:　　　　　　　　审核:　　　　　　　　制单:

凭证30-114　　　半成品一车间旋转式制造费用发生情况汇总表

年　月　日

发生项目	发生金额(元)
设计费	
办公费	
水电费	
固定资产折旧费	
无形资产摊销费	
职工薪酬	
社保、住房公积金及工会经费	
职工福利费	

(续表)

发生项目	发生金额(元)
职工教育经费	
辅助生产成本转入	
合计	

财务主管：　　　　　　审核：　　　　　　制单：

工作步骤2：计算汇总本月半成品二车间制造费用，编制半成品二车间制造费用发生情况汇总表。

凭证30-115　　半成品二车间抽拉式制造费用发生情况汇总表

年　月　日

发生项目	发生金额(元)
设计费	
办公费	
水电费	
固定资产折旧费	
无形资产摊销费	
职工薪酬	
社保、住房公积金及工会经费	
职工福利费	
职工教育经费	
辅助生产成本转入	
合计	

财务主管：　　　　　　审核：　　　　　　制单：

凭证30-116　　半成品二车间旋转式制造费用发生情况汇总表

年　月　日

发生项目	发生金额(元)
设计费	
办公费	
水电费	
固定资产折旧费	
无形资产摊销费	
职工薪酬	
社保、住房公积金及工会经费	

（续表）

发生项目	发生金额（元）
职工福利费	
职工教育经费	
辅助生产成本转入	
合计	

财务主管：　　　　　　审核：　　　　　　制单：

工作步骤 3：计算汇总本月成品车间制造费用，编制成品车间制造费用发生情况汇总表。

凭证 30-117　　　成品车间抽拉式制造费用发生情况汇总表

年　月　日

发生项目	发生金额（元）
设计费	
办公费	
水电费	
固定资产折旧费	
无形资产摊销费	
职工薪酬	
社保、住房公积金及工会经费	
职工福利费	
职工教育经费	
辅助生产成本转入	
合计	

财务主管：　　　　　　审核：　　　　　　制单：

凭证 30-118　　　成品车间旋转式制造费用发生情况汇总表

年　月　日

发生项目	发生金额（元）
设计费	
办公费	
水电费	
固定资产折旧费	
无形资产摊销费	
职工薪酬	

(续表)

发生项目	发生金额(元)
社保、住房公积金及工会经费	
职工福利费	
职工教育经费	
辅助生产成本转入	
合计	

财务主管：　　　　　审核：　　　　　制单：

工作步骤4：根据半成品一车间制造费用发生情况汇总表填制结转半成品一车间制造费用的记账凭证。

凭证30-119　　　　　　　　　　　记 账 凭 证
年　月　日

摘要	会计科目		借方									贷方									过账√
	总账科目	明细科目	千	百	十	万	千	百	十	元	角	分	千	百	十	万	千	百	十	元	角	分	
合　　计																								

会计主管：　　记账：　　审核：　　出纳：　　制单：

凭证30-120　　　　　　　　　　　记 账 凭 证
年　月　日

摘要	会计科目		借方									贷方									过账√
	总账科目	明细科目	千	百	十	万	千	百	十	元	角	分	千	百	十	万	千	百	十	元	角	分	
合　　计																								

会计主管：　　记账：　　审核：　　出纳：　　制单：

凭证 30-121

记 账 凭 证
年　月　日

摘要	会计科目		借方									贷方									过账√
	总账科目	明细科目	千	百	十	万	千	百	十	元	角	分	千	百	十	万	千	百	十	元	角	分	
合　　计																						

会计主管：　　　　记账：　　　　审核：　　　　出纳：　　　　制单：

附件　　张

凭证 30-122

记 账 凭 证
年　月　日

摘要	会计科目		借方										贷方										过账√
	总账科目	明细科目	千	百	十	万	千	百	十	元	角	分	千	百	十	万	千	百	十	元	角	分	
合　　计																							

会计主管：　　　　记账：　　　　审核：　　　　出纳：　　　　制单：

附件　　张

工作步骤5：根据半成品二车间制造费用发生情况汇总表填制结转半成品二车间制造费用的记账凭证。

凭证 30-123

记 账 凭 证
年　月　日

摘要	会计科目		借方										贷方										过账√
	总账科目	明细科目	千	百	十	万	千	百	十	元	角	分	千	百	十	万	千	百	十	元	角	分	
合　　计																							

会计主管：　　　　记账：　　　　审核：　　　　出纳：　　　　制单：

附件　　张

凭证 30-124

记 账 凭 证
年　月　日

摘要	会计科目		借方									贷方									过账 ✓
	总账科目	明细科目	千	百	十	万	千	百	十	元	角	分	千	百	十	万	千	百	十	元	角	分	
合　计																							

附件　张

会计主管：　　　记账：　　　审核：　　　出纳：　　　制单：

凭证 30-125

记 账 凭 证
年　月　日

摘要	会计科目		借方									贷方									过账 ✓
	总账科目	明细科目	千	百	十	万	千	百	十	元	角	分	千	百	十	万	千	百	十	元	角	分	
合　计																							

附件　张

会计主管：　　　记账：　　　审核：　　　出纳：　　　制单：

凭证 30-126

记 账 凭 证
年　月　日

摘要	会计科目		借方									贷方									过账 ✓
	总账科目	明细科目	千	百	十	万	千	百	十	元	角	分	千	百	十	万	千	百	十	元	角	分	
合　计																							

附件　张

会计主管：　　　记账：　　　审核：　　　出纳：　　　制单：

工作步骤 6：根据成品车间制造费用发生情况汇总表填制结转成品车间制造费用的记账凭证。

凭证 30-127

记 账 凭 证

年　月　日

摘要	会计科目		借方									贷方									过账 √
	总账科目	明细科目	千	百	十	万	千	百	十	元	角	分	千	百	十	万	千	百	十	元	角	分	
合　　计																							

会计主管：　　　　记账：　　　　审核：　　　　出纳：　　　　制单：

凭证 30-128

记 账 凭 证

年　月　日

摘要	会计科目		借方									贷方									过账 √
	总账科目	明细科目	千	百	十	万	千	百	十	元	角	分	千	百	十	万	千	百	十	元	角	分	
合　　计																							

会计主管：　　　　记账：　　　　审核：　　　　出纳：　　　　制单：

凭证 30-129

记 账 凭 证

年　月　日

摘要	会计科目		借方									贷方									过账 √
	总账科目	明细科目	千	百	十	万	千	百	十	元	角	分	千	百	十	万	千	百	十	元	角	分	
合　　计																							

会计主管：　　　　记账：　　　　审核：　　　　出纳：　　　　制单：

凭证 30-130

记 账 凭 证
年　月　日

摘要	会计科目		借方										贷方										过账√
	总账科目	明细科目	千	百	十	万	千	百	十	元	角	分	千	百	十	万	千	百	十	元	角	分	
合　　计																							

会计主管：　　　　记账：　　　　审核：　　　　出纳：　　　　制单：

附件　　张

【任务单二十】

2021年12月31日，根据各车间月初在产品成本汇总表、完工产品入库单、领料单及本月所发生的业务情况，分别编制半成品一车间抽拉式、半成品一车间旋转式、半成品二车间抽拉式、半成品二车间旋转式和成品车间抽拉式、成品车间旋转式产品成本计算单，并填制结转完工产品成本的记账凭证。材料在生产开始时一次性投入，该车间的月末在产品完工程度为50%，已知月末半成品一车间抽拉式、半成品一车间旋转式在产品产量分别为1 200件和1 050件，半成品二车间抽拉式、半成品二车间旋转式在产品产量分别为900件和1 150件和成品车间抽拉式、成品车间旋转式的在产品产量分别为980件和1 100件。

要求：根据各车间月初在产品成本汇总表、完工产品入库单及本月所发生的业务情况，分别编制半成品一车间抽拉式、半成品一车间旋转式、半成品二车间抽拉式、半成品二车间旋转式和成品车间抽拉式、成品车间旋转式产品成本计算单，并填制结转完工产品成本的记账凭证。（期末在产品成本倒挤，分配率保留四位小数）

凭证 30-131

完工产品入库单
2021年12月10日　　　　　　　　　　编码：jh001

交货车间	产品名称	规格	单位	数量
半成品一车间	抽拉式		个	4 300
	旋转式		个	4 500
合计				8 800

仓库管理员：王吕峰　　　　　　　　　　　　　　交货经办人：汪球球

凭证 30-132　　　　　　　　　完工产品入库单

2021 年 12 月 20 日　　　　　　　　　　　　　　　编码:jh002

交货车间	产品名称	规格	单位	数量
半成品二车间	抽拉式		个	4 400
	旋转式		个	4 300
	合计			8 700

仓库管理员:王吕峰　　　　　　　　　　　　　　　　　　交货经办人:汪球球

凭证 30-133　　　　　　　　　完工产品入库单

2021 年 12 月 30 日　　　　　　　　　　　　　　　编码:jh003

交货车间	产品名称	规格	单位	数量
成品车间	抽拉式		个	4 100
	旋转式		个	4 200
	合计			8 300

仓库管理员:王吕峰　　　　　　　　　　　　　　　　　　交货经办人:汪球球

凭证 30-134　　　　　　各车间月初在产品成本汇总表

2021 年 12 月 1 日

车间名称	产品名称	月初直接材料	月初直接人工	月初制造费用	合计
半成品一车间	抽拉式	42 560.00	10 200.00	12 520.00	65 280.00
	旋转式	33 560.00	11 540.00	10 568.00	55 668.00
半成品二车间	抽拉式	31 560.00	13 550.00	11 790.00	56 900.00
	旋转式	33 080.00	14 210.00	10 970.00	58 260.00
成品车间	抽拉式	32 570.00	13 800.00	13 130.00	59 500.00
	旋转式	32 990.00	11 640.00	13 000.00	57 630.00
	合计	206 320.00	74 940.00	71 978.00	353 238.00

财务主管:罗成伟　　　　　　审核:丁晓静　　　　　　制单:闫吕婷

工作步骤 1:根据各车间月初在产品成本汇总表、完工产品入库单及本月所发生的业务情况,编制半成品一车间抽拉式产品成本计算单。

凭证 30-135　　　　　　　　产品成本计算单

产品名称:　　　　　　　　　　　年　月　日　　　　　　　　　　　单位:元

项目	月初在产品成本	本月发生费用	生产费用合计	期末在产品约当产量	完工产品产量	约当总产量	分配率	完工产品总成本	期末在产品成本
直接材料									
直接人工									
制造费用									
合计									

财务主管:　　　　　　　　　　审核:　　　　　　　　　　　制单:

工作步骤 2：根据各车间月初在产品成本汇总表、完工产品入库单及本月所发生的业务情况，编制半成品一车间旋转式产品成本计算单。

凭证 30-136　　　　　　　　　**产品成本计算单**

产品名称　　　　　　　　　　　　　年　月　日　　　　　　　　　　　　单位：元

项目	月初在产品成本	本月发生费用	生产费用合计	期末在产品约当产量	完工产品产量	约当总产量	分配率	完工产品总成本	期末在产品成本
直接材料									
直接人工									
制造费用									
合计									

财务主管：　　　　　　　　　　　审核：　　　　　　　　　　　　制单：

工作步骤 3：根据各车间月初在产品成本汇总表、完工产品入库单及本月所发生的业务情况，编制半成品二车间抽拉式产品成本计算单。

凭证 30-137　　　　　　　　　**产品成本计算单**

产品名称　　　　　　　　　　　　　年　月　日　　　　　　　　　　　　单位：元

项目	月初在产品成本	本月发生费用	生产费用合计	期末在产品约当产量	完工产品产量	约当总产量	分配率	完工产品总成本	期末在产品成本
直接材料									
直接人工									
制造费用									
合计									

财务主管：　　　　　　　　　　　审核：　　　　　　　　　　　　制单：

工作步骤 4：根据各车间月初在产品成本汇总表、完工产品入库单及本月所发生的业务情况，编制半成品二车间旋转式产品成本计算单。

凭证 30-138　　　　　　　　　**产品成本计算单**

产品名称　　　　　　　　　　　　　年　月　日　　　　　　　　　　　　单位：元

项目	月初在产品成本	本月发生费用	生产费用合计	期末在产品约当产量	完工产品产量	约当总产量	分配率	完工产品总成本	期末在产品成本
直接材料									
直接人工									
制造费用									
合计									

财务主管：　　　　　　　　　　　审核：　　　　　　　　　　　　制单：

工作步骤5:根据各车间月初在产品成本汇总表、完工产品入库单及本月所发生的业务情况,编制成品车间抽拉式产品成本计算单。

凭证 30-139　　　　　　　　　　**产品成本计算单**

产品名称　　　　　　　　　　　　　　年　月　日　　　　　　　　　　　　　　单位:元

项目	月初在产品成本	本月发生费用	生产费用合计	期末在产品约当产量	完工产品产量	约当总产量	分配率	完工产品总成本	期末在产品成本
直接材料									
直接人工									
制造费用									
合计									

财务主管:　　　　　　　　　　审核:　　　　　　　　　　　　　　制单:

工作步骤6:根据各车间月初在产品成本汇总表、完工产品入库单及本月所发生的业务情况,编制成品车间旋转式产品成本计算单。

凭证 30-140　　　　　　　　　　**产品成本计算单**

产品名称　　　　　　　　　　　　　　年　月　日　　　　　　　　　　　　　　单位:元

项目	月初在产品成本	本月发生费用	生产费用合计	期末在产品约当产量	完工产品产量	约当总产量	分配率	完工产品总成本	期末在产品成本
直接材料									
直接人工									
制造费用									
合计									

财务主管:　　　　　　　　　　审核:　　　　　　　　　　　　　　制单:

工作步骤7:填制结转完工产品成本的记账凭证。

凭证 30-141　　　　　　　　　　**记 账 凭 证**

年　月　日

摘要	会计科目		借方									贷方									过账 √
	总账科目	明细科目	千	百	十	万	千	百	十	元	角	分	千	百	十	万	千	百	十	元	角	分	
合　计																								

附件　张

会计主管:　　　　　记账:　　　　　审核:　　　　　出纳:　　　　　制单:

凭证 30-142

记 账 凭 证

年　月　日

摘要	会计科目		借方										贷方										过账 √
	总账科目	明细科目	千	百	十	万	千	百	十	元	角	分	千	百	十	万	千	百	十	元	角	分	
合　　计																								

会计主管：　　　　记账：　　　　审核：　　　　出纳：　　　　制单：

附件　　张

任务三十一 综合实训2

【企业资料】

美仪制衣有限公司成立于2000年,厂房面积3 000余平方米,公司现拥有职工155人,其中管理人员3人,销售人员2人。有6条现代化生产线,年生产服装50余万件,年上缴国家税收400万元。

税号:9152000071433970XT

地址、电话:凯里北京西路168号   0855-8223875

开户行及账号:工行凯里北京西路支行 2402002690200987426

【公司财务部】

公司单独设置财会部门,划分为主管会计、审核会计、成本会计、资金出纳四个工作岗位,具体分工见表31-1。

表31-1   财会部门岗位分工情况

岗位名称	岗位人员	工作职责
主管会计	王可	① 负责领导所属的出纳员、记账员按时、按要求记账,如实反映和监督企业的各项经济活动和财务收支情况,保证各项经济业务合情、合理、合法 ② 配合上级领导建立和完善财务管理制度和相关工作程序 ③ 掌握公司财务状况、经营成果和资金变动情况,编制资金日报,应收账款、应付账款报表及账龄分析 ④ 按时编制月、季、年度会计表,做到数字真实、计算准确、内容完整、说明清楚、报送及时 ⑤ 负责企业管理费核算,认真审核收支原始凭证,账务处理符合制度规定,账目清楚,数字准确,结算及时 ⑥ 负责公司税金的统计和税金的申报缴纳 ⑦ 对公司的会计凭证、账簿报表、财务计划和重要经济合同等会计资料定期收集、审查、装订成册,登记编号,按照《会计档案管理办法》的规定妥善保管 ⑧ 财产清查
审核会计	谢东前	① 审核原始凭证、记账凭证是否合法,内容是否真实,手续是否齐备,数字是否正确,会计处理是否准确 ② 填制除成本核算的原始凭证 ③ 编制除成本核算的记账凭证 ④ 单据审核、账簿核对、结转损益 ⑤ 完成与人事部的考勤核对及工资核发工作 ⑥ 完成发票领购、开具及保管工作 ⑦ 保管发票专用章、财务专用章

(续表)

岗位名称	岗位人员	工作职责
成本会计	陈圆圆	① 负责公司项目成本会计核算、预算控制、财务分析等工作 ② 完成成本的材料、人工、制造费用的归集、核算，及时提供成本信息 ③ 进行成本分析，对异常情况进行判断和处理 ④ 编制费用月度和季度成本计划、费用月报和年报 ⑤ 预测未来成本水平，编制一定时期的成本水平计划
资金出纳	张万琴	① 核对账务，做好应收账款的催收 ② 负责公司日常财务的编制工作 ③ 负责组织其他报表(统计、银行等)的填制和报送 ④ 负责会计资料的装订，并及时移交、存档 ⑤ 参与固定资产的检查、盘点工作，对固定资产增减变化、报废、报损等进行账务处理和台账登记 ⑥ 完成领导交办的其他工作

公司的核算方法及制度见表 31-2。

表 31-2　　　　　　　　　公司核算方法及制度

一、基本规范
按照会计制度的规定在用友软件里设置账簿，在使用会计科目时，根据会计制度的规定并结合我公司实际情况，正确、灵活的设置和使用会计科目，对规定的会计科目名称、编号、核算内容和对应关系，不得任意改变，确保延续性。 认真审核各类原始凭据，确保证记账凭证、报表等各项数据来源的合法、真实、准确、完整，做到有凭有据，每月按时结账并出具财务报表。 档案管理方面，须妥善保管好会计凭证、账薄、各类会计报表等财务资料，确保完好无损，防止遗失。 每月及时装订会计凭证，每年末从软件里打印出各类账簿，并装订保存。因公借出财务资料，需做好领用和归还登记手续
二、科目核算方面
1. 货币资金： 公司以人民币为记账本位币(核算中金额计算保留至分位)，记账文字为中文。会计核算采用科目汇总表账务处理程序。 认真核对月末的货币资金及有价证券，确保现金及有价证券的账面余额必须与库存数相符；确保银行存款账面余额与银行对账单相符。 2. 存货： 设置存货明细账，反映存货的购、销、存的金额及数量、单价。存货的购进按实际发生的成本进行核算，存货的发出采用加权平均法，存货的期末计价，按历史成本计价。 低值易耗品、配件、辅材等采用一次摊销法进行核算，直接全部计入产品成本或期间费用。 要落实好各类存货的盘点，加强对仓库工作的管理。执行月末自行盘点，年终总体盘点制度，对于盘库盈亏情况填表上报、说明情况。 3. 往来账项： 往来账包括：应收账款、其他应收款、预付账款、应付账款、其他应付款、预收账款。 财务部必须取得买卖合同，如合同尚未签定，财务部暂按营销部通知的预估价格入账，财务部有责任督促相关人员及时提供合同。大宗材料采购上，必须依采购合同(含调价函等)进行价格确认。 各类往来按实际发生额计价入账，及时与往来单位和个人进行核对，确保准确。出现"倒挂"等科目异常情况时，要查明原因。差价调整要确保手续齐全。对付款凭证方面，要加强审核，确保金额准确，手续完整

(续表)

公司应收账款坏账准备采用账龄分析法估计,其他应收及预付款项不计提坏账准备。不同账龄计提坏账准备的比例:未到期:0.00%,逾期1~90天:2%,逾期91~270天:4%,逾期271~360天:6%,逾期361~540天:10%,逾期541~720天:12%,逾期720天以上:15%。

4. 固定资产:
固定资产以实际发生的金额计价,累计折旧计提方法采用平均年限法。建立健全固定资产台账,并落实好盘点工作。

5. 损益类科目:
收入:按照权责发生制进行确认和计量进行核算。
成本:按实际发生的金额采用加权平均法进行核算。
费用类:按照费用项目设置明细科目进行核算,正确划分各类费用,根据费用的不同性质进行归集和各公司间分摊,严格审核计入费用的原始票据,确保金额准确、手续齐全

三、成本核算主要项目

1. 原材料费用:公司原材料采用计划成本计价法组织日常核算,材料成本差异率为综合差异率,材料成本差异率计算保留百分号前2位小数;周转材料、库存商品采用实际成本计价法组织日常核算,发出周转材料、库存商品采用月末一次加权平均法计价。
原材料入库业务,于月末根据"收料单"编制"收料凭证汇总表",并据以进行原材料入库业务的总分类核算。原材料发出业务,于月末根据"领料单"编制"发出材料汇总表""生产车间材料费用分配表",并据以进行原材料出库业务的总分类核算,计算过程中,无特殊说明的金额均保留小数点后2位。

2. 运费(或泵送费):主要为公司内部及外挂各种车辆的油耗及人员工资等,根据销售情况,进行合理的计提。运费结账时,再转到个人往来(外挂车)或应付工资(内部车),若多计提,应予调整。

3. 员工工资:固定工资、考核工资、奖金等,根据预估的金额每月计提。年末根据实际情况进行补提或减提。公司按有关规定计算缴纳社会保险费和住房公积金。基本社会保险及住房公积金以上一年度职工月平均工资为计提基数,计提比例如下:基本养老保险为24%,其中企业承担16%,个人承担8%;医疗保险为12%,其中企业承担10%,个人承担2%,另每月个人需缴纳大额互助基金3元;失业保险为1%,其中企业承担0.8%,个人承担0.2%;工伤保险为0.2%,全部由企业承担;生育保险为0.8%,全部由企业承担。住房公积金为24%,其中企业承担12%,个人承担12%。公司由个人承担的社会保险费、住房公积金在缴纳时直接从"应付职工薪酬——短期薪酬(工资)"明细账中冲销,不通过"其他应付款"账户进行核算。个人所得税由公司代扣代缴,通过"应交税费"账户进行核算。公司职工福利费和职工教育经费不预提,按实际发生金额列支;工会经费按应付工资总额的2%计提,工会经费按月划拨给工会专户。

4. 设备折旧:根据具体情况确定折旧年限,根据年限平均分计提。

5. 营销招待费用:包括业务提成费、差旅费、餐饮娱乐招待费、送礼费用等。

6. 水电、通信费用:包括生产过程中以及员工在公司的水、电、通信费用。

7. 消耗品费用:如泵管、阀门、柴油、机滤、空滤、轮胎、机油等。

8. 财务费用:银行贷款利息、存息、按揭款利息、个人借款利息、贴现费用、手续费等。

9. 税收费用:主要包括增值税(简易征收型)、所得税、土地使用税、房产税、印花税、税金及附加等。公司为增值税一般纳税人,销售商品增值税税率为13%;公司当期取得的增值税专用发票,按照现行增值税制度规定当期准予抵扣的,均已认证且于当期一次性抵扣。城市维护建设税税率为7%,教育费附加征收率为3%,地方教育费附加征收率为2%。公司车船税、房产税和土地使用税均按规定计算缴纳。公司按规定代扣代缴个人所得税。公司企业所得税税率为25%,并假设这一税率适用于未来可预见的期间,公司不享受其他税收优惠政策。企业所得税的核算采用资产负债表债务法。

10. 公司采用品种法计算产品成本,成本项目为直接材料、直接人工和制造费用。本月发生的直接材料费如属于多种产品共同耗用的材料以各种产品材料定额耗用量为标准在各种产品之间进行分配,本月发生的直接人工费和制造费用按实际生产工时在各种产品之间进行分配。生产费用在月末在产品和完工产品之间的分配采用约当产量法,原材料在第一道工序开始一次投入,直接人工费用和制造费用的完工程度分工序按定额生产工时计算,月末在产品在本工序的完工程度均为50%

【任务单一】

直接材料费用:入库材料计划成本汇总。

凭证 31-1   收料单

供应单位:振兴实业有限公司

材料类别:原材料   2021年7月15日   第10号

材料			单位	数量		成本	
编号	名称	规格		应收	实收	单价	总价
01	1-A 材料		米	1 200	1 200		
	1-B 材料		个	850	850		
	1-C 材料		米	900	900		
	1-D 材料		箱	100	100		
合计							

部门经理:林琳   会计:周波   仓管:袁小艺   经办人:王源

凭证 31-2   收料单

领料部门:振兴实业有限公司

用途:原材料   2021年7月21日   第11号

材料			单位	数量		成本	
编号	名称	规格		应收	实收	单价	总价
01	2-A 材料		米	1 420	1 420		
	2-B 材料		个	1 100	1 100		
	2-C 材料		米	970	970		
	2-D 材料		箱	105	105		
合计							

部门经理:林琳   会计:周波   仓管:袁小艺   经办人:王源

工作步骤1:31日,填制入库材料计划成本表。

凭证31-3

收料凭证汇总表

2021年7月31日　　　　　　　　　　　　　　　　　　　　　　金额单位:元

材料名称	入库单位	入库数量	计划单价	计划总成本
1-A材料	米		70.00	
1-B材料	个		120.00	
1-C材料	米		30.00	
1-D材料	箱		160.00	
2-A材料	米		100.00	
2-B材料	个		90.00	
2-C材料	米		45.00	
2-D材料	箱		135.00	
合计	—	—	—	

审核:王可　　　　　　　　　　　　　　　　　　　　　　　　　制单:陈圆圆

工作步骤2:31日,根据收料凭证汇总表结转入库材料计划成本,并填写记账凭证。

凭证31-4

记　账　凭　证

年　月　日

摘要	会计科目		借方										贷方										过账√
	总账科目	明细科目	千	百	十	万	千	百	十	元	角	分	千	百	十	万	千	百	十	元	角	分	
合计																							

附件　张

会计主管:　　　　　记账:　　　　　审核:　　　　　出纳:　　　　　制单:

【任务单二】

直接材料费用:入库材料成本差异计算。

凭证 31-5　　　　　　　　　电子发票 1

贵州增值税电子专用发票

发票代码：548902000432
发票号码：17845623
开票日期：2021 年 07 月 13 日
校 验 码：34890 43290 76598 98765

购买方	名　　称：美仪制衣有限公司
	纳税人识别号：9152000071433970XT
	地址、电话：凯里北京西路 168 号　0855-8223575
	开户行及账号：工行凯里北京西路支行2402002690200987426

密码区：687*&^*223216+54561(&%45*&^)(*&*(%(6^^#%#@#43$@342vkh%43223216+54561327+I1vkh7894l5?><$#@$#+I28$+I51#@$@$+I77@%3241

货物或应税劳务名称	规格型号	单位	数量	单价	金额	税率	税额
1-A 材料		米	1 200	65.00	780 00.00	13%	10 140.00
1-B 材料		个	850	110.00	93 500.00	13%	12 155.00
1-C 材料		米	900	36.00	32 400.00	13%	4 212.00
1-D 材料		箱	100	150.00	15 000.00	13%	1 950.00
合　　计					¥218 900.00		¥ 28 457.00

价税合计（大写）　Ⓧ 贰拾肆万柒仟叁佰伍拾柒元整　　　（小写）　¥247 357.00

销售方	名　　称：振兴实业有限公司
	纳税人识别号：123401020567838533
	地址、电话：贵阳市玉泉路 19 号　0851-7705546
	开户行及账号：工行贵阳玉泉路支行 5292006578200986688

备注：

收款人：　　　　复核：刘东林　　　　开票人：王淼

凭证 31-6　　　　　　　　　电子发票 2

贵州增值税电子专用发票

发票代码：987309887602
发票号码：87409837
开票日期：2021 年 07 月 25 日
校 验 码：12876 34545 66778 09989

机器编号：763928765612

购买方	名　　称：美仪制衣有限公司
	纳税人识别号：9152000071433970XT
	地址、电话：凯里北京西路 168 号　0855-8223575
	开户行及账号：工行凯里北京西路支行2402002690200987426

密码区：*(6^^#%#@#$@31#@4561324$@$689+I77@+I1vkh%432243223216+5456132&^*&^)(*&*(%415?><$#@377782(&%45*42vkh%$#+I28$+I516+51

货物或应税劳务名称	规格型号	单位	数量	单价	金额	税率	税额
2-A 材料		米	1 420	90.00	127 800.00	13%	16 614.00
2-B 材料		个	1 100	95.00	104 500.00	13%	13 585.00
2-C 材料		米	970	40.00	38 800.00	13%	5 044.00
2-D 材料		箱	105	140.00	14 700.00	13%	1 911.00
合　　计					¥ 285 800.00		¥37 154.00

价税合计（大写）　Ⓧ 叁拾贰万贰仟玖佰伍拾肆元整　　　（小写）　¥322 954.00

销售方	名　　称：振兴实业有限公司
	纳税人识别号：123401020567838533
	地址、电话：贵阳市玉泉路 19 号　0851-7705546
	开户行及账号：工行贵阳玉泉路支行 5292006578200986688

备注：

收款人：　　　　复核：刘东林　　　　开票人：王淼

工作步骤1:31日,填制入库材料成本差异计算表。

凭证 31-7

入库材料成本差异计算表

2021年7月31日　　　　　　　　　　　　　　　　　　　　　　　金额单位:元

材料名称	入库单位	入库数量	计划单价	计划总成本	实际总成本	材料成本差异
1-A 材料	米	1 200	70.00			
1-B 材料	个	850	120.00			
1-C 材料	米	900	30.00			
1-D 材料	箱	100	160.00			
2-A 材料	米	1 420	100.00			
2-B 材料	个	1 100	90.00			
2-C 材料	米	970	45.00			
2-D 材料	箱	105	135.00			
合计		—	—			

审核:王可　　　　　　　　　　　　　　　　　　　　　　　　　制单:陈圆圆

工作步骤2:31日,根据入库材料成本差异计算表,结转入库材料的材料成本差异,并填写记账凭证。

凭证 31-8

记 账 凭 证

年　月　日

摘要	会计科目		借方									贷方									过账 √
	总账科目	明细科目	千	百	十	万	千	百	十	元	角	分	千	百	十	万	千	百	十	元	角	分	
合　　计																								

会计主管:　　　　　记账:　　　　　审核:　　　　　出纳:　　　　　制单:

凭证 31-9

记 账 凭 证

年　月　日

摘要	会计科目		借方									贷方									过账 √
	总账科目	明细科目	千	百	十	万	千	百	十	元	角	分	千	百	十	万	千	百	十	元	角	分	
合　　计																								

会计主管:　　　　　记账:　　　　　审核:　　　　　出纳:　　　　　制单:

凭证 31-10

记 账 凭 证
年　月　日

摘要	会计科目		借方									贷方									过账√
	总账科目	明细科目	千	百	十	万	千	百	十	元	角	分	千	百	十	万	千	百	十	元	角	分	
合　　计																							

附件　　张

会计主管：　　　记账：　　　审核：　　　出纳：　　　制单：

【任务单三】

直接材料费用：发出材料计划成本汇总。

凭证 31-11　　　　　　　　　　　　领料单

领料部门：第一车间
用途：女士西服　　　　　　2021 年 7 月 25 日　　　　　　　　　　第 8 号

材料			单位	数量		成本	
编号	名称	规格		请领	实领	单价	总价
	1-A 材料		米	1 100	1 100		
	1-B 材料		个	800	800		
合计							

部门经理：林琳　　　　　会计：周波　　　　　仓管：袁小艺　　　　　经办人：王源

凭证 31-12　　　　　　　　　　　　领料单

领料部门：第一车间
用途：男士西服　　　　　　2021 年 7 月 25 日　　　　　　　　　　第 9 号

材料			单位	数量		成本	
编号	名称	规格		请领	实领	单价	总价
	1-C 材料		米	800	800		
合计							

部门经理：林琳　　　　　会计：周波　　　　　仓管：袁小艺　　　　　经办人：王源

凭证 31-13

领料单

领料部门：第一车间

用途：共同耗用　　　　　　　　2021 年 7 月 25 日　　　　　　　　第 10 号

材料			单位	数量		成本	
编号	名称	规格		请领	实领	单价	总价
	1-D 材料		箱	90	90		
合计							

部门经理：林琳　　　　　　会计：周波　　　　　　仓管：袁小艺　　　　　　经办人：王源

凭证 31-14

领料单

领料部门：第二车间

用途：女士西服　　　　　　　　2021 年 7 月 25 日　　　　　　　　第 11 号

材料			单位	数量		成本	
编号	名称	规格		请领	实领	单价	总价
	2-A 材料		米	1 400	1 400		
	2-B 材料		个	1 000	1 000		
合计							

部门经理：林琳　　　　　　会计：周波　　　　　　仓管：袁小艺　　　　　　经办人：王源

凭证 31-15

领料单

领料部门：第二车间

用途：男士西服　　　　　　　　2021 年 7 月 25 日　　　　　　　　第 12 号

材料			单位	数量		成本	
编号	名称	规格		请领	实领	单价	总价
	2-C 材料		米	900	900		
合计							

部门经理：林琳　　　　　　会计：周波　　　　　　仓管：袁小艺　　　　　　经办人：王源

凭证 31-16　　　　　　　　　　　　　　**领料单**

领料部门:第二车间
用途:共同耗用　　　　　　　　　　　2021年7月25日　　　　　　　　　　　第 13 号

材料			单位	数量		成本	
编号	名称	规格		请领	实领	单价	总价
	2-D 材料		箱	100	100		
合计							

部门经理:林琳　　　　　会计:周波　　　　　仓管:袁小艺　　　　　经办人:王源

工作步骤 1:31 日,填制发出材料计划成本汇总表。

凭证 31-17　　　　　　　　　　　　**发出材料汇总表**

金额单位:元

原材料				一车间						二车间						合计	
				女式西服		男士西服		共同耗用		女式西服		男士西服		共同耗用			
编号	品名	单位	计划单价	数量	金额	数量	金额	数量	金额	数量	金额	数量	金额	数量	金额	数量	金额
01	1-A 材料	米	70.00														
02	1-B 材料	个	120.00														
03	1-C 材料	米	30.00														
04	1-D 材料	箱	160.00														
05	2-A 材料	米	100.00														
06	2-B 材料	个	90.00														
07	2-C 材料	米	45.00														
08	2-D 材料	箱	135.00														
合计																	

审核:王可　　　　　　　　　　　　　　　　　　　　　　　　　　　　　　　　　　　　制单:陈圆圆

工作步骤 2:31 日,填制第一车间产品直接材料费用分配表。

凭证 31-18　　　　　　第一车间产品直接材料费用分配表

2021 年 7 月 31 日　　　　　　　　　　　　　　金额单位:元

计入成本方式		分配率	女士西服			男士西服			金额合计
			本月投产量 55(套)			本月投产量 35(套)			
分配计入	材料名称		单位消耗定额	分配标准	分配额	单位消耗定额	分配标准	分配额	
	1-D 材料		1			1			
直接计入									
材料费用合计									

审核:王可　　　　　　　　　　　　　　　　　　　　　　　　　　　制单:陈圆圆

工作步骤 3:31 日,填制第二车间产品直接材料费用分配表

凭证 31-19　　　　　　第二车间产品直接材料费用分配表

2021 年 7 月 31 日　　　　　　　　　　　　　　金额单位:元

计入成本方式		分配率	女士西服			男士西服			金额合计
			本月投产量 50(套)			本月投产量 50(套)			
分配计入	材料名称		单位消耗定额	分配标准	分配额	单位消耗定额	分配标准	分配额	
	1-D 材料		1			1			
直接计入									
材料费用合计									

审核:王可　　　　　　　　　　　　　　　　　　　　　　　　　　　制单:陈圆圆

工作步骤 4:31 日,承上 3 笔任务,分配结转发出材料计划成本。

凭证 31-20　　　　　　　　　记 账 凭 证

年　月　日

摘要	会计科目		借方									贷方									过账√
	总账科目	明细科目	千	百	十	万	千	百	十	元	角	分	千	百	十	万	千	百	十	元	角	分	
合　计																						

附件　　张

会计主管:　　　　　记账:　　　　　审核:　　　　　出纳:　　　　　制单:

凭证 31-21

记 账 凭 证

年　月　日

摘要	会计科目		借方	贷方	过账√
	总账科目	明细科目	千百十万千百十元角分	千百十万千百十元角分	
合　　计					

会计主管：　　　　记账：　　　　审核：　　　　出纳：　　　　制单：

附件　　张

【任务单四】

直接材料费用：材料成本差异率计算。

工作步骤 1：31 日，填制成本差异率计算表。

凭证 31-22　　　　　　　**材料成本差异率计算表**

2021 年 07 月 31 日　　　　　　　　　　金额单位：元

材料成本差异		原材料计划成本		材料成本差异率
期初结存	本期增加	期初结存	本期增加	
2 010.00		19 780.00		

审核：王可　　　　　　　　　　　　　　　　　　　制单：陈圆圆

工作步骤 2：31 日，填制发出材料成本差异计算表。

凭证 31-23　　　　　　　**发出材料成本差异计算表**

2021 年 7 月 31 日　　　　　　　　　　金额单位：元

车间名称	产品名称	计划成本	材料成本差异率	材料成本差异额
第一车间	女式西服	181 800	－3.85％	－6 999.30
	男士西服	29 600	－3.85％	－1 139.60
第二车间	女式西服	236 750	－3.85％	－9 114.88
	男士西服	47 250	－3.85％	－1 819.13
合计		495 400		－19 072.9

审核：王可　　　　　　　　　　　　　　　　　　　制单：陈圆圆

工作步骤3:31日,承上笔2任务,结转发出材料成本差异,并编制记账凭证。

凭证 31-24

记 账 凭 证

年 月 日

摘要	会计科目		借方										贷方										过账√
	总账科目	明细科目	千	百	十	万	千	百	十	元	角	分	千	百	十	万	千	百	十	元	角	分	
合 计																								

附件　　张

会计主管:　　　记账:　　　审核:　　　出纳:　　　制单:

【任务单五】

车间领用低值易耗品计算。

凭证 31-25　　　　　　　　　领料单

领料部门:第一车间

用途:共同耗用　　　　　　　2021年7月3日　　　　　　　第3号

材料			单位	数量		成本	
编号	名称	规格		请领	实领	单价	总价
	工作服		套	80	80		
合计							

部门经理:林琳　　　会计:周波　　　仓管:袁小艺　　　经办人:王源

凭证 31-26　　　　　　　　　　**领料单**

领料部门:第二车间
用途:共同耗用　　　　　　　　　2021年7月3日　　　　　　　　第4号

材料			单位	数量		成本	
编号	名称	规格		请领	实领	单价	总价
	安全帽		个	85	85		
合计							

部门经理:林琳　　　　　会计:周波　　　　　仓管:袁小艺　　　　　经办人:王源

工作步骤1:根据领料单填制低值易耗品领用汇总表。

凭证 31-27　　　　　　**低值易耗品领用汇总表**

　　　　　　　　　　　2021年3月31日　　　　　　　　　　金额单位:元

低值易耗品	单位	第一车间			第二车间			合计
		数量	单价	金额	数量	单价	金额	
工作服	套		120.00					
安全帽	个					56.00		
合计								

审核:王可　　　　　　　　　　　　　　　　　　　　　　　制单:陈圆圆

工作步骤2:根据低值易耗品领用汇总表,填制相关记账凭证。

凭证 31-28　　　　　　　**记 账 凭 证**
　　　　　　　　　　　　　　　年　月　日

摘要	会计科目		借方									贷方									过账√
	总账科目	明细科目	千	百	十	万	千	百	十	元	角	分	千	百	十	万	千	百	十	元	角	分	
合　计																								

附件　张

会计主管:　　　　记账:　　　　审核:　　　　出纳:　　　　制单:

【任务单六】

领用周转材料计算。

凭证 31-29   **领料单**

领料部门：第一车间

用途：女士西服   2021 年 7 月 29 日   第 27 号

编号	材料 名称	规格	单位	数量 请领	数量 实领	成本 单价	成本 总价
	纸箱		套	450	450		
合计							

部门经理：林琳   会计：周波   仓管：袁小艺   经办人：王源

凭证 31-30   **领料单**

领料部门：第二车间

用途：男士西服   2021 年 7 月 29 日   第 28 号

编号	材料 名称	规格	单位	数量 请领	数量 实领	成本 单价	成本 总价
	纸箱		个	380	380		
合计							

部门经理：林琳   会计：周波   仓管：袁小艺   经办人：王源

工作步骤 1：31 日，填制周转材料领用汇总表。

凭证 31-31   **周转材料领用汇总表**

2021 年 7 月 31 日   金额单位：元

品名	计量单位	期初 数量	期初 单价	期初 金额	本期购入 数量	本期购入 单价	本期购入 金额	本期领用 女士西服 数量	本期领用 女士西服 金额	本期领用 男士西服 数量	本期领用 男士西服 金额	期末结存 数量	期末结存 金额
纸箱	个	230	3.5		900	3.5		450		380			
合计													

审核：王可   制单：陈圆圆

工作步骤2:31日,根据周转材料领用汇总表,分配结转发出周转材料成本

凭证 31-32

记 账 凭 证

年　月　日

摘要	会计科目		借方	贷方	过账√
	总账科目	明细科目	千百十万千百十元角分	千百十万千百十元角分	
合　　　计					

附件　　张

会计主管:　　　　记账:　　　　审核:　　　　出纳:　　　　制单:

【任务单七】

直接人工——分配职工薪酬计算。

凭证 31-33

职工薪酬汇总表

2021年7月31日　　　　　　　　　　　金额单位:元

		短期薪酬							离职后福利		合计
		应付工资	五险一金基数	医疗保险	工伤保险	生育保险	住房公积金	工会经费	养老保险	失业保险	
				10.00%	0.20%	0.80%	12.00%	2.00%	16.00%	0.80%	
第一车间	生产工人	437 800.00	412 000.00	41 200.00	824.00	3 296.00	49 440.00	8 756.00	65 920.00	3 296.00	610 532.00
	管理人员	34 500.00	20 980.00	2 098.00	41.96	167.84	2 517.60	690.00	3 356.80	167.84	43 540.04
第二车间	生产工人	468 900.00	440 000.00	44 000.00	880.00	3 520.00	52 800.00	9 378.00	70 400.00	3 520.00	653 398.00
	管理人员	37 500.00	24 000.00	2 400.00	48.00	192.00	2 880.00	750.00	3 840.00	192.00	47 802.00
管理部门		130 000.00	89 000.00	8 900.00	178.00	712.00	10 680.00	2 600.00	14 240.00	712.00	168 022.00
销售部门		68 100.00	47 000.00	4 700.00	94.00	376.00	5 640.00	1 362.00	7 520.00	376.00	88 168.00
合计		1 176 800.00	1 032 980.00	103 298.00	2 065.96	8 263.84	123 957.60	23 536.00	165 276.80	8 263.84	1 611 462.04

审核:王可　　　　　　　　　　　　　　　　　　　　　制单:陈圆圆

工作步骤1:31日,按生产工人工时比例,填制职工薪酬分配表。

凭证 31-34

职工薪酬分配表

2021年07月31日　　　　　　　　　　　　　　　　　金额单位:元

受益对象		分配标准（工时）	分配率	分配金额
第一车间	女士西服	5 689.00		
	男士西服	4 329.00		
	小计	10 018.00		
第二车间	女士西服	6 540.00		
	男士西服	4 980.00		
	小计	11 520.00		
车间管理人员	第一车间			
	第二车间			
	小计			
公司管理人员				
公司销售人员				
合计				

审核:王可　　　　　　　　　　　　　　　　　　　　　制单:陈圆圆

工作步骤2.进行分配职工薪酬的会计处理,编写相关记账凭证。

凭证 31-35

记 账 凭 证

年　月　日

摘要	会计科目		借方									贷方									过账√
	总账科目	明细科目	千	百	十	万	千	百	十	元	角	分	千	百	十	万	千	百	十	元	角	分	
合　计																							

附件　张

会计主管:　　　　记账:　　　　审核:　　　　出纳:　　　　制单:

凭证 31-36

记 账 凭 证

年　月　日

摘要	会计科目		借方									贷方									过账 √
	总账科目	明细科目	千	百	十	万	千	百	十	元	角	分	千	百	十	万	千	百	十	元	角	分	
合　计																						

会计主管：　　　记账：　　　审核：　　　出纳：　　　制单：

附件　　张

凭证 31-37

记 账 凭 证

年　月　日

摘要	会计科目		借方									贷方									过账 √
	总账科目	明细科目	千	百	十	万	千	百	十	元	角	分	千	百	十	万	千	百	十	元	角	分	
合　计																						

会计主管：　　　记账：　　　审核：　　　出纳：　　　制单：

附件　　张

【任务单八】

直接人工——分配职工福利计算。

凭证 31-38

职工福利费汇总表

2021 年 7 月 31 日　　　　　　　　　　　　金额单位：元

部　　门		本月发生福利费支出
第一车间	生产工人	19 800.00
	管理人员	1 300.00
第二车间	生产工人	22 000.00
	管理人员	1 450.00
管理部门		6 780.00
销售部门		4 300.00
合　计		55 630.00

审核：王可　　　　　　　　　　　　　　　　　　　　　　制单：陈圆圆

工作步骤 1:31 日,填制职工福利费分配表。

凭证 31-39

职工福利费分配表

2021 年 7 月 31 日　　　　　　　　　　　　　金额单位:元

受益对象		分配标准(人数)	分配率	分配金额
第一车间	女式西服	40		
	男士西服	32		
	小计	72		19 800.00
第二车间	女式西服	43		
	男士西服	30		
	小计	73		22 000.00
车间管理人员	第一车间	3		1 300.00
	第二车间	2		1 450.00
	小计	5		
公司管理人员				6 780.00
公司销售人员				4 300.00
合计				

审核:王可　　　　　　　　　　　　　　　　　　　　　制单:陈圆圆

工作步骤 2:31 日,根据职工福利费分配表,进行分配职工福利费的会计处理,编制记账凭证。

凭证 31-40

记 账 凭 证

年　月　日

摘要	会计科目		借方	贷方	过账√
	总账科目	明细科目	千百十万千百十元角分	千百十万千百十元角分	
合　计					

会计主管:　　　　记账:　　　　审核:　　　　出纳:　　　　制单:

凭证 31-41

记 账 凭 证
年 月 日

摘要	会计科目		借方									贷方									过账√
	总账科目	明细科目	千	百	十	万	千	百	十	元	角	分	千	百	十	万	千	百	十	元	角	分	
合 计																							

会计主管：　　　　记账：　　　　审核：　　　　出纳：　　　　制单：

附件　张

【任务单九】

直接人工——职工教育经费分配计算。

凭证 31-42　　　　　　　　　　职工教育经费汇总表

　　　　　　　　　　2021 年 7 月 31 日　　　　　　　　　　　金额单位：元

培训对象	人数	金额
车间管理人员	5	6 000
公司管理人员	3	3 000
公司销售人员	2	2 000
合计		11 000

审核：王可　　　　　　　　　　　　　　　　　　　　　　　　　　制单：陈圆圆

工作步骤 1：31 日，填制职工教育经费分配表

凭证 31-43　　　　　　　　　　职工教育经费分配表

　　　　　　　　　　2021 年 7 月 31 日　　　　　　　　　　　金额单位：元

受益对象		分配标准（人数）	分配率	分配金额
车间管理人员	第一车间	3		
	第二车间	2		
	小计	5		
公司管理人员		3		
公司销售人员		2		
合计				

审核：王可　　　　　　　　　　　　　　　　　　　　　　　　　　制单：陈圆圆

工作步骤 2:31 日,根据职工教育经费分配表,进行分配职工教育经费的会计处理,编制记账凭证。

凭证 31-44

记 账 凭 证

年 月 日

摘要	会计科目		借方	贷方	过账√
	总账科目	明细科目	千百十万千百十元角分	千百十万千百十元角分	
合 计					

会计主管: 　　　记账: 　　　审核: 　　　出纳: 　　　制单:

附件　　张

【任务单十】

计提折旧费用计算。

工作步骤 1:31 日,填制本月固定资本折旧表。

凭证 31-45

固定资产折旧计算表

2021 年 7 月 31 日　　　　　　　　　　　　　　　金额单位:元

使用单位和固定资产类别		原值	固定资产月折旧率	本月应提折旧额
第一车间	厂房	3 000 000.00	0.35%	
	生产设备	3 080 000.00	0.56%	
	小计			
第二车间	厂房	3 100 000.00	0.35%	
	生产设备	2 078 000.00	0.56%	
	小计			
管理部门	房屋	4 189 000.00	0.35%	
	运输设备	880 000.00	2.00%	
	管理设备	79 000.00	1.40%	
	小计			
销售部门	管理设备	38 500.00	1.40%	
	小计			
合计				

审核:王可　　　　　　　　　　　　　　　　　　　　　制单:陈圆圆

工作步骤 2:31 日,根据固定资产折旧计算表,编制固定资产计提折旧相关记账凭证。

凭证 31-46

记 账 凭 证

年 月 日

摘要	会计科目		借方	贷方	过账 √
	总账科目	明细科目	千百十万千百十元角分	千百十万千百十元角分	
合 计					

会计主管: 记账: 审核: 出纳: 制单:

附件 张

凭证 31-47

记 账 凭 证

年 月 日

摘要	会计科目		借方	贷方	过账 √
	总账科目	明细科目	千百十万千百十元角分	千百十万千百十元角分	
合 计					

会计主管: 记账: 审核: 出纳: 制单:

附件 张

【任务单十一】

银行存款支付水费计算。

凭证 31-48　　　　　　　　　　　电子发票 3

贵州增值税电子专用发票

发票代码：009870234566
发票号码：76498889
开票日期：2021 年 07 月 30 日
校 验 码：16459 37398 98847 00987

机器编号：5387904189987

购买方	名　　　称：美仪制衣有限公司 纳税人识别号：9152000071433970XT 地　址、电　话：凯里北京西路 168 号　0855-8223875 开户行及账号：工行凯里北京西路支 2402002690200987426	密码区	6874354*(%2%1323><$#@+I28$+I5 1#@$@216+54$@3425%225vkh&^*(&%#62vkh77#13245*&^)(*&321$#6 +^415?$+I77@+I@#%4389*6141(6^

货物或应税劳务名称	规格型号	单位	数量	单价	金额	税率	税额
水费		吨	2 045	4.04	8 261.8	9%	743.56
合　　计					￥8 261.8		￥743.56

价税合计（大写）	Ⓧ 玖仟零伍元叁角陆分	（小写）　￥9 005.36

销售方	名　　　称：凯里市自来水公司 纳税人识别号：456701020567098678 地　址、电　话：凯里市文明路 38 号 开户行及账号：工行凯里文明路支行 4040006578200986900	备注	

收款人：　　　　　　复核：王晓晓　　　　　开票人：张三强

工作步骤 1：31 日，根据现有票据，填制水费分配表。

凭证 31-49　　　　　　　　　　外购水费分配表

2021 年 7 月 31 日　　　　　　　　　　　　　　金额单位：元

受益对象	耗用量（吨）	分配率	分配金额
第一车间	1 035		
第二车间	820		
公司管理部门	120		
公司销售部门	70		
合计	2 045		

审核：黄建华　　　　　　　　　　　　　　　　　　　　　制单：陈圆圆

工作步骤2:31日,用银行存款支付水费,并编制相关记账凭证。

凭证31-50　　　　　　　　中国工商银行跨行转账电子凭证

电子回单号　2004-4455-4008-5506-3051

付款人	户名	美仪制衣有限公司	收款人	户名	凯里市自来水公司
	账号	2402002690200987426		账号	4040006578200986900
金额(小写)		¥9 005.36	开户行		工行凯里文明路支行
金额(大写)		人民币玖仟零伍元叁角陆分	状态		交易成功
用途		水费			
	受理日期		网银流水号		400450445149
	汇款方式	普通	手续费		0元
	转账方式	实时处理	预约日期		无
	打印次数	1	收款人号码		无
验证码		××××××××			

凭证31-51　　　　　　　　　　记　账　凭　证

年　月　日

摘要	会计科目		借方									贷方									过账√
	总账科目	明细科目	千	百	十	万	千	百	十	元	角	分	千	百	十	万	千	百	十	元	角	分	
合　计																							

会计主管:　　　　　记账:　　　　　审核:　　　　　出纳:　　　　　制单:

附件　张

【任务单十二】

使用银行存款支付电费的计算。

凭证 31-52　　　　　　　　　　　电子发票 4

购买方	名　　　称：	美仪制衣有限公司				密码区	6*3223216+5456(&%45*&^)(*&*(%(6 ^^877789*&^#%6132#@#$@342vkh %43223216+545415?><$#@$#+I28$ +I51#@$@$+I77@+I1vkh%413241		
	纳税人识别号：	9152000071433970XT							
	地　址、电话：	凯里北京西路 168 号　0855-8223875							
	开户行及账号：	工行凯里北京西路支 2402002690200987426							
货物或应税劳务名称	规格型号	单位	数量	单价	金额		税率	税额	
电费		千瓦时	56 000	0.75	42 000.00		13%	5 460.00	
合　　　计					￥42 000.00			￥5 460.00	
价税合计（大写）		⊗ 肆万柒仟肆佰陆拾元整			（小写）		￥47 460.00		
销售方	名　　　称：	凯里电力集团有限公司				备注			
	纳税人识别号：	564301020567837890							
	地　址、电话：	凯里市友谊路 107 号							
	开户行及账号：	工行凯里友谊路支行 1234506578200986789							

发票代码：889974962109
发票号码：84976398
开票日期：2021 年 07 月 30 日
校 验 码：87462 84732 55679 00986

机器编号：766890993212

收款人：　　　　　复核：杨莉莉　　　　　开票人：雷东迁

工作步骤 1：31 日，根据现有票据，填制电费分配表。

凭证 31-53　　　　　　　　外购电费分配表

2021 年 7 月 31 日　　　　　　　　　　金额单位：元

受益对象	耗用量（千瓦时）	分配率	分配金额
第一车间	32 000		
第二车间	21 000		
公司管理部门	1 900		
公司销售部门	1 100		
合计	56 000		

审核：黄建华　　　　　　　　　　　　　　　　　　　　　　制单：陈圆圆

工作步骤2:31日,用银行存款支付电费,并编制相关记账凭证。

凭证 31-54　　　　　　　　中国工商银行跨行转账电子凭证

电子回单号　2004-4455-4008-5506-1234

付款人	户名	美仪制衣有限公司	收款人	户名	凯里电力集团有限公司
	账号	2402002690200987426		账号	1234506578200986789
金额(小写)	¥47 460.00		开户行		工行凯里友谊路支行
金额(大写)	人民币肆万柒仟肆佰陆拾元整		状态		交易成功
用途	水费				
	受理日期		网银流水号		400450443412
	汇款方式	普通	手续费		0元
	转账方式	实时处理	预约日期		无
	打印次数	1	收款人号码		无
验证码	×××××××				

凭证 31-55　　　　　　　　　　　记 账 凭 证
　　　　　　　　　　　　　　　　　　年　月　日

摘要	会计科目		借方	贷方	过账√
	总账科目	明细科目	千百十万千百十元角分	千百十万千百十元角分	
合　计					

会计主管:　　　　记账:　　　　审核:　　　　出纳:　　　　制单:

【任务单十三】

分配辅助生产费用。(采用交互分配法对辅助生产车间辅助生产费用的归集和分配)

机修车间和供电车间两个辅助生产车间,7月供电车间提供电力20 000千瓦时,共发生费用36 000元;机修车间提供修理工时5 000工时,修理费用共计11 250元。

凭证31—56　　　　　　　　　　劳务量

辅助生产车间	计量单位	提供劳务量							
		机修	供电	女式西服	男式西服	一车间一般耗用	二车间一般耗用	管理部门	合计
供电	度	2 000		7 000	5 000	1 000	3 000	2 000	20 000
机修	工时		500			1 800	1 200	1 500	5 000

工作步骤1：辅助车间内部进行交互分配。

(1) 交互分配分配率：

① 供电车间费用交互分配率。

② 机修车间费用交互分配率。

(2) 辅助车间进行交互分配：

① 机修转入、供电转出情况下，辅助车间应分配的电费。

② 供电转入、机修转出情况下，供电车间应分配修理费用。

工作步骤2：计算各辅助车间交互分配后的实际费用额。

① 供电车间交互分配后的实际费用额。

② 机修车间交互分配后的实际费用额。

工作步骤3：对辅助车间以外的各受益对象进行分配。

(1) 对外分配费用率：

① 供电车间费用对外分配率。

② 机修车间费用对外分配率。

(2) 辅助车间以外各受益部门应分配辅助生产费用的计算：

供电车间电费的分配中，

① 女式西服应分配的电费。

② 男士西服应分配的电费。

③ 一车间应分配的电费。

④ 二车间应分配的电费。

⑤ 管理部门应分配的电费。

机修车间修理费用的分配中，

① 一车间应分配的修理费。

② 二车间应分配的修理费。

③ 管理部门应分配的修理费。

编制辅助生产费用分配表。

凭证 31-57　　　　　辅助生产费用分配表（交互分配法）

2021 年 7 月

项目		供电车间			机修车间			合计
		供应数量（千瓦时）	分配率	分配金额	供应数量（千瓦时）	分配率	分配金额	
交互分配前		20 000			5 000			
交互分配	供电车间				500			
	机修车间	2 000						
交互分配后		18 000			4 500			
对外分配	女式西服	7 000						
	男式西服	5 000						
	一车间	1 000			1 800			
	二车间	3 000			1 200			
	管理部门	2 000			1 500			
合计		20 000			33 525			

工作步骤 4：根据辅助生产费用分配表（交互分配法），编制记账凭证。

（1）辅助车间之间交互分配。

凭证 31-58　　　　　　　　　记 账 凭 证

年　月　日

摘要	会计科目		借方									贷方									过账√
	总账科目	明细科目	千	百	十	万	千	百	十	元	角	分	千	百	十	万	千	百	十	元	角	分	
合　　计																								

附件　　张

会计主管：　　　　　记账：　　　　　审核：　　　　　出纳：　　　　　制单：

(2) 对辅助车间以外的受益对象分配。

凭证 31-59

记 账 凭 证

年　月　日

摘要	会计科目		借方	贷方	过账√
	总账科目	明细科目	千百十万千百十元角分	千百十万千百十元角分	
合　　　计					

会计主管：　　　　记账：　　　　审核：　　　　出纳：　　　　制单：

附件　　张

凭证 31-60

记 账 凭 证

年　月　日

摘要	会计科目		借方	贷方	过账√
	总账科目	明细科目	千百十万千百十元角分	千百十万千百十元角分	
合　　　计					

会计主管：　　　　记账：　　　　审核：　　　　出纳：　　　　制单：

附件　　张

【任务单十四】

制造费用分配。

工作步骤 1：31 日，按生产工人工时比例法分配制造费用，填制制造费用分配表。

凭证 31-61 制造费用分配表

2021 年 7 月 31 日 金额单位:元

生产车间	产品名称	分配标准(工时)	分配率(4 位小数)	分配金额
第一车间	女式西服	5 689.00		
	男士西服	4 329.00		
	小计	10 018.00		
第二车间	女式西服	6 540.00		
	男士西服	4 980.00		
	小计	11 520.00		

审核:王可 制表:陈圆圆

工作步骤 2:31 日,根据制造费用分配表编制相应的记账凭证。

凭证 31-62 记 账 凭 证

年　月　日

摘要	会计科目		借方									贷方									过账 √
	总账科目	明细科目	千	百	十	万	千	百	十	元	角	分	千	百	十	万	千	百	十	元	角	分	
合　　计																								

会计主管:　　　　记账:　　　　审核:　　　　出纳:　　　　制单:

凭证 31-63 记 账 凭 证

年　月　日

摘要	会计科目		借方									贷方									过账 √
	总账科目	明细科目	千	百	十	万	千	百	十	元	角	分	千	百	十	万	千	百	十	元	角	分	
合　　计																								

会计主管:　　　　记账:　　　　审核:　　　　出纳:　　　　制单:

凭证 31-64

记 账 凭 证
年　月　日

摘要	会计科目		借方									贷方									过账 √
	总账科目	明细科目	千	百	十	万	千	百	十	元	角	分	千	百	十	万	千	百	十	元	角	分	
合　　计																						

附件　　张

会计主管：　　记账：　　审核：　　出纳：　　制单：

凭证 31-65

记 账 凭 证
年　月　日

摘要	会计科目		借方									贷方									过账 √
	总账科目	明细科目	千	百	十	万	千	百	十	元	角	分	千	百	十	万	千	百	十	元	角	分	
合　　计																						

附件　　张

会计主管：　　记账：　　审核：　　出纳：　　制单：

【任务单十五】

半成品期末在产品计算。

凭证 31-66　　　　　　　　入库单

交来单位：第一车间

验收仓库：产成品库　　　　2021 年 7 月 26 日　　　　第 29 号

材料			单位	数量		成本	
编号	名称	规格		应收	实收	单价	总价
01	女士西服		套	1 350	1 350		
	男士西服		套	990	990		
合计							

部门经理：林琳　　会计：周波　　仓管：袁小艺　　经办人：王源

凭证 31-67 入库单

交来单位:第二车间
验收仓库:产成品库 　　　　2021 年 7 月 31 日 　　　　　　　第 30 号

材料			单位	数量		成本	
编号	名称	规格		应收	实收	单价	总价
01	女士西服		套	2 380	2 380		
	男士西服		套	1 750	1 750		
合计							

部门经理:林琳　　　　会计:周波　　　　仓管:袁小艺　　　　经办人:王源

工作步骤 1:31 日,计算各工序在产品完工程度及月末在产品约当产量。(完工程度以百分号表示,且保留百分号前 2 位小数,在产品约当产量保留 2 位小数,在产品约当产量合计保留整数)

凭证 31-68　　　　**半成品期末在产品约当产量计算表**

2021 年 7 月 31 日 　　　　　　　　　　　　　计量单位:套

产品	工序	定额工时(时)	完工程度	期末在产品数量	在产品约当产量
女士西服	一	2		150	
	二	4		60	
	三	2		190	
	四	2		50	
	五	2		200	
	六	4		170	
	合计	16	—	820	
男士西服	一	2		110	
	二	4		100	
	三	2		80	
	四	2		210	
	五	2		90	
	六	4		120	
	合计	16	—	710	

审核:王可　　　　　　　　　　　　　　　　　　　　　　制单:陈圆圆

工作步骤 2:31 日,承上笔任务,填制产成品成本计算单。(单位成本保留 4 位小数,单位成本合计保留 2 位小数,尾差记入期末在产品成本)

凭证 31-69

半成品成本计算表

2021 年 7 月 31 日　　　　　　　　　　　　　　　　　金额单位：元

项目		月初在产品成本	本月发生费用	生产费用合计	产量（个）			单位成本	完工产品总成本	期末在产品成本
					完工产品产量	期末在产品约当产量	合计			
女士西服	直接材料	112 714.8								
	直接人工	5 859.1								
	制造费用	1 199.75								
	合计									
男士西服	直接材料	98 605.9								
	直接人工	7 630.99								
	制造费用	1 900								
	合计									

审核：王可　　　　　　　　　　　　　　　　　　　　　　　　　　　　　制单：陈圆圆

工作步骤 3：31 日，承上 2 笔任务，结转本月产成品成本。

凭证 31-70

记 账 凭 证

年　月　日

摘要	会计科目		借方									贷方									过账√
	总账科目	明细科目	千	百	十	万	千	百	十	元	角	分	千	百	十	万	千	百	十	元	角	分	
合　　计																							

附件　　张

会计主管：　　　　记账：　　　　审核：　　　　出纳：　　　　制单：

凭证 31-71

记 账 凭 证

年 月 日

摘要	会计科目		借方										贷方										过账 √
	总账科目	明细科目	千	百	十	万	千	百	十	元	角	分	千	百	十	万	千	百	十	元	角	分	
合　计																								

附件　　张

会计主管：　　　　记账：　　　　审核：　　　　出纳：　　　　制单：